Le guide
de la nationalité française

GROUPE D'INFORMATION ET DE SOUTIEN DES IMMIGRÉ·E·S

3, villa Marcès, 75011 Paris
Tél. : 01 43 14 84 84 – Fax : 01 43 14 60 69
Permanence juridique : 01 43 14 60 66
gisti@gisti.org
www.gisti.org

Le Gisti est né en 1972 de la rencontre entre des travailleurs sociaux, en contact régulier avec les immigrés en France, et des juristes n'ayant pas la même expérience pratique mais apportant leur compétence propre. Cette double approche, à la fois concrète et juridique, fait la principale originalité du groupe.

Le Gisti :

- publie régulièrement des dossiers analysant les textes et les pratiques administratives en matière d'immigration ;
- édite la revue *Plein Droit*, qui est un périodique d'analyse, destiné à un public plus large ;
- assure une permanence juridique gratuite ;
- mène et soutient des actions en justice pour défendre les droits des immigrés ;
- assure la formation des militants et militantes d'associations ;
- organise des stages de formation permanente à l'intention de ceux et celles qui, à titre professionnel, se trouvent en contact avec les personnes immigrées et ont besoin de connaître la réglementation applicable (en matière de séjour, d'emploi, de regroupement familial, d'asile, de protection sociale, etc.)

Depuis 1985, le Gisti a mis en chantier une série de guides juridiques pratiques portant sur des thèmes précis relatifs aux droits des étrangers : l'entrée et le séjour, la nationalité, les moyens de défense et de recours face à l'administration, la protection sociale. Ces guides sont à l'usage non seulement des juristes ou des travailleurs sociaux, mais également des personnes concernées elles-mêmes. Le présent volume s'inscrit dans cette collection, publiée aux Éditions La Découverte.

Voir aussi en fin d'ouvrage

GISTI

Le guide de la nationalité française

La Découverte
9 *bis*, rue Abel-Hovelacque
75013 Paris

Ce *Guide* est le fruit de l'expérience acquise par le GISTI depuis de longues années. Ont participé à sa rédaction : Véronique Baudet-Caille, Danièle Lochak, Vanina Rochiccioli, Laurence Roques.

Dans la même collection

Aux Éditions La Découverte

Le Guide de la protection sociale des étrangers en France, 3e éd., 2002.
Le Guide de l'entrée et du séjour des étrangers en France, 2011.
Les Étrangers face à l'administration. Droits, démarches, recours, 2013.

ISBN 978-2-7071-7770-4

Sommaire

Introduction

Qu'est-ce que la nationalité ?

La nationalité est le lien juridique qui relie un individu à un État dont il est le « national ». Chaque État édicte souverainement les règles régissant l'attribution de sa nationalité et détermine ainsi quels sont ses nationaux.

La possession de la nationalité française a des conséquences juridiques importantes. D'une part, elle entraîne des obligations spécifiques – très réduites, il est vrai, depuis la suppression du service militaire obligatoire. D'autre part, elle est la condition d'exercice d'un certain nombre de droits fondamentaux dont ne peuvent se prévaloir les étrangers (sous réserve de ceux qui ont été reconnus aux citoyens de l'Union européenne) : les droits politiques, le droit d'accéder à la fonction publique, le droit absolu d'entrer et de demeurer sur le territoire national sans pouvoir être ni extradé ni expulsé, le droit d'exercer la profession de son choix, le droit à la protection diplomatique de la France...

Les éléments le plus généralement pris en compte par les différents États pour déterminer la nationalité d'un individu sont soit les liens du sang *(jus sanguinis)*, soit le lien territorial *(jus soli)* : dans le premier cas, la nationalité se transmet par filiation; dans le second, elle découle de la naissance, confortée le cas échéant par une certaine durée de résidence sur le territoire de l'État considéré. Indépendamment de cette attribution d'office, généralement à la naissance, de la nationalité de l'État, un certain nombre de procédures, comme la naturalisation, permettent à l'étranger d'acquérir ultérieurement cette nationalité.

Droit du sol, droit du sang

Historiquement, le droit français a toujours combiné, en proportion variable selon les époques, droit du sol et droit du sang. Le droit du sol l'emporte au Moyen Âge, où l'aubain – étymologiquement: *alibi natus* – est d'abord celui qui est né ailleurs, dans une autre seigneurie. L'Ancien Régime, dans le prolongement de la tradition féodale, considère comme « naturels » de France ceux qui sont nés en France et qui demeurent dans le royaume; mais sous l'influence de la tradition du droit romain, le *jus sanguinis* vient peu à peu compléter le *jus soli* : l'enfant né dans un pays étranger d'un père français est considéré comme français s'il a conservé l'esprit de retour et revient dans le royaume avec l'intention de s'y fixer durablement.

La Révolution, sans rompre avec cette tradition, ouvre plus généreusement encore l'accès à la citoyenneté française, en accordant une place égale à un droit du sol largement conçu et à la filiation. La Constitution de 1791 reconnaît comme citoyen à la fois l'enfant né en France d'un père français, l'enfant né en France d'un père étranger dès lors qu'il fixe sa résidence en France, l'enfant né à l'étranger d'un père français s'il vient s'établir en France et prête le serment civique, ou encore l'étranger qui a cinq ans de domicile continu en France et qui prête le serment civique. La prédominance du *jus soli* concorde avec la conception révolutionnaire qui fait de l'appartenance à la nation le résultat d'un acte volontaire : dans ce contexte, la naissance et plus encore la résidence sur le territoire français apparaissent comme l'expression en actes de la volonté de vivre selon les lois que s'est données la nation française. Les constitutions girondine et montagnarde de 1793 portent la prééminence du *jus soli* à son point extrême : la première subordonne la qualité de citoyen à la seule condition d'avoir résidé pendant un an sur le territoire français ; la seconde met pratiquement sur le même plan celui qui est né et domicilié en France et celui qui, né à l'étranger, est domicilié en France depuis une année et « y vit de son travail, ou acquiert une propriété, ou épouse une Française, ou adopte un enfant, ou nourrit un vieillard ».

Par la suite, il est vrai, le Code civil de 1804 revient au *jus sanguinis* et à la transmission de la qualité de Français par la filiation. Mais il laisse subsister la possibilité pour l'individu né en France d'un étranger de réclamer la qualité de Français dans l'année qui suit sa majorité s'il fixe son domicile en France. Et cette prédominance accordée à la filiation, en contradiction avec la tradition française, n'est qu'une parenthèse historique de courte durée.

Toute l'évolution ultérieure va en effet dans le sens d'un renforcement de la place du *jus soli* à côté du *jus sanguinis*. La loi de 1851 pose la règle encore en vigueur aujourd'hui, connue sous le nom de « double droit du sol », en déclarant français l'enfant né en France d'un étranger qui lui-même y est né. La loi du 26 juin 1889 incorpore à la communauté nationale tous les individus présumés assimilables puisque nés en France, en décidant qu'ils deviennent français à leur majorité. Il s'agit là, certes, pour une part, de lois de circonstance, dictées par l'affaiblissement de la natalité française et les besoins du recrutement de l'armée, mais elles sont dictées aussi par la préoccupation de maintenir l'égalité entre les Français, soumis à la conscription, et les immigrés de deuxième génération qui, en restant étrangers, en seraient exemptés ; et, plus fondamentalement encore, par le souci de ne pas voir se maintenir sur le territoire français des communautés étrangères soudées susceptibles de menacer l'unité du pays. Ces lois vont imprimer durablement leur marque au droit français de la nationalité, expression d'une conception de la nation assimilationniste et plus pragmatique qu'idéologique.

Cette conception se retrouve dans le Code de la nationalité promulgué par l'ordonnance du 19 octobre 1945, modifié par la loi de 1973, et resté en vigueur jusqu'en 1993. Aux termes de ce code, la nationalité française se transmet par la filiation paternelle ou maternelle, légitime ou naturelle ; elle résulte aussi de la naissance en France, dès cette naissance lorsqu'un des parents est lui-même né en France, à la majorité dans le cas contraire, l'enfant né en France pouvant de surcroît, depuis une loi de 1927, acquérir la nationalité française par simple déclaration au cours de sa minorité. Le mariage ne produit plus, depuis 1973, d'effet automatique sur la nationalité, mais l'étranger qui épouse un ressortissant français peut acquérir la nationalité française par déclaration après une certaine durée de mariage, fixée à l'origine à six mois, le gouvernement ne pouvant s'y opposer que pour des motifs limitativement énumérés. La naturalisation, en revanche, est subordonnée à des conditions de durée et de stabilité de la résidence en France, de « bonne vie et mœurs », d'assimilation, d'absence de condamnation pénale. Et même lorsque toutes ces conditions sont remplies, elle n'est jamais un droit pour celui qui la sollicite mais une faveur accordée discrétionnairement.

Le droit du sol contesté

C'est ce système ouvert, et enraciné en France depuis près d'un siècle, que l'extrême droite, suivie sur ce terrain par la droite, entreprend de contester à partir de 1985, en dénonçant la trop grande facilité avec laquelle les étrangers deviennent français. Cette controverse autour du droit de la nationalité n'est certes pas la première: sans même parler de Vichy, on peut rappeler que l'adoption de la loi de 1927 assouplissant les conditions de la naturalisation avait donné lieu à de très vifs débats et avait fourni à la droite nationaliste l'occasion d'exprimer son hostilité aux «Français de papier». Cette fois, l'essentiel des critiques ne porte plus sur la naturalisation mais sur l'attribution de la nationalité française par l'effet du *jus soli* : on conteste le fait que les étrangers nés en France deviennent français à leur majorité sans avoir à le demander et sans qu'on puisse y faire obstacle.

Un des arguments systématiquement mis en avant est celui de l'automaticité: il faut éviter d'intégrer dans la nationalité française des personnes qui ne le souhaitent pas réellement. L'argument est fallacieux, d'abord parce qu'il recouvre un implicite que seul le Front national se risque à formuler explicitement: l'idée que les étrangers, même – ou surtout – devenus français, représentent une menace pour l'identité nationale. L'argument est fallacieux aussi parce que la critique de l'automaticité, si elle était sincère, devrait concerner tout autant l'application du *jus sanguinis.* Les préventions contre le *jus soli* et la préférence donnée à la filiation laissent entendre que la naissance en France, même complétée par la résidence, ne suffit pas à faire de vrais Français et que le sentiment d'appartenance nationale se transmet plus sûrement par les gènes que par l'école de la République et le simple fait du «vivre ensemble». Transparaît ici une conception biologique de la nation.

Identité nationale ou xénophobie ?

Lorsque la droite revient au pouvoir en 1986, elle prépare simultanément deux projets de loi : l'un qui vise à réformer l'ordonnance du 2 novembre 1945 – ce sera la loi Pasqua (la première du nom), l'autre visant à réformer le Code de la nationalité.

Le gouvernement, aux prises avec les manifestations étudiantes, va finalement retirer un projet de réforme contesté bien au-delà des cercles habituellement préoccupés de la défense des étrangers. Pour ne pas donner l'impression de capituler, il met en place une commission présidée par le vice-président du Conseil d'État dont le rapport, remis en janvier 1988, servira de référence à la réforme de 1993.

Parmi les personnes et les groupes auditionnés par la Commission, certains – minoritaires – affirment que seule la transmission de la nationalité par filiation est à même de préserver l'identité nationale. D'autres plaident pour une théorie « élective » de la nation, qui n'existe que par le consentement de ceux qui la peuplent – consentement qui doit s'exprimer par un acte positif. Les derniers, estimant qu'on est français avant tout par un phénomène d'acculturation lié à l'éducation reçue et aux conditions de la vie quotidienne, récusent l'acte de volonté qui risque d'instaurer une discrimination entre les différentes catégories de Français.

La Commission va finalement se rallier à l'idée qu'être français est un choix, et que ce choix doit se concrétiser par une manifestation de volonté. Elle voit dans cette démarche le moyen de renforcer la conscience de l'identité nationale, qu'elle juge menacée, et de faciliter l'intégration des étrangers dans la nation. Sur cette base, la Commission avance un certain nombre de propositions, dont la principale consiste à imposer aux jeunes nés en France – qui depuis 1889 deviennent français à leur majorité sans formalité – de manifester explicitement leur volonté de devenir français entre seize et vingt et un ans. La Commission propose aussi que les parents ne puissent plus, pendant la minorité de leur enfant, réclamer pour lui la nationalité française, puisque ceci reviendrait à anticiper sur la manifestation de volonté de l'enfant.

Bien qu'accueillis positivement par l'opinion et la classe politique, les conclusions auxquelles parvient la Commission comme les postulats sur lesquels elles se fondent sont en réalité contestables[1]. En particulier, on comprend mal par quel miracle l'acte de volonté exigé des quelques milliers de personnes postulant chaque année à la nationalité française peut contribuer à résoudre les problèmes d'identité nationale auxquels la France est censée être confrontée : de fait, la conception élective de la nation mise en exergue par la Commission a pour seul effet concret de réclamer des jeunes nés en France, et uniquement d'eux, un acte de volonté.

Le rétrécissement de l'accès à la nationalité française

Quoi qu'il en soit, ce sont ces propositions qui, cinq ans plus tard, vont être reprises dans la loi du 22 juillet 1993 votée dans la foulée du retour de la droite au pouvoir.

La lecture des débats parlementaires de l'époque éclaire sur les véritables motivations de la réforme. En arrière-plan du problème de la nationalité, c'est bien la question de l'immigration qui est présente, et la méfiance à l'encontre d'une immigration extra-européenne : s'il faut vérifier que les étrangers nés en France veulent être français, c'est parce qu'on ne peut pas le postuler, et si l'on ne peut pas le postuler, c'est parce que la majorité d'entre eux n'appartient plus à la culture européenne. Se profile aussi dans ces débats l'idée que le droit du sol ne donne pas les mêmes garanties d'appartenance à la nation que le droit du sang.

1. On trouvera une analyse critique du rapport dans le numéro 3 de *Plein Droit*, avril 1988: <http://www.gisti.org/doc/plein-droit/03/index.html>.

La loi du 22 juillet 1993 apporte une série de modifications importantes à la législation en vigueur – modifications qui ont toutes pour effet de rendre plus difficile l'accès à la nationalité française. L'essentiel de ces changements porte sur les effets du *jus soli* et sur l'acquisition de la nationalité française par mariage, tandis que, de façon significative, l'attribution de la nationalité française par filiation n'est pas concernée par la réforme.

– L'enfant né en France de parents étrangers doit manifester sa volonté de devenir français entre seize et vingt et un ans. S'il accomplit cette formalité avant l'âge de dix-huit ans, aucun obstacle ne peut s'opposer à l'acquisition de la nationalité française, mais si la demande est formée après l'âge de dix-huit ans, certaines condamnations pénales ou encore l'existence d'une mesure d'expulsion ou d'interdiction du territoire lui font perdre le droit de devenir français.

– Les parents ne peuvent plus, désormais, réclamer pour leur enfant né en France la nationalité française pendant sa minorité. Derrière l'argument spécieux du respect de la volonté de l'enfant, l'objectif est en réalité d'empêcher les parents de bénéficier de la protection accordée aux parents d'enfants français en matière de séjour.

– Le «double droit du sol», en vertu duquel est français de naissance l'enfant né en France dont l'un des parents est lui-même né en France, voit lui aussi son champ d'application considérablement limité. La naissance dans un territoire qui avait le statut de colonie française ou de territoire d'outre-mer n'est plus assimilée à la naissance en France: c'est la règle qui permettait par exemple à l'enfant né en France d'un ressortissant sénégalais, ivoirien ou malgache né lui-même avant 1960, d'avoir la nationalité française de naissance. Et les enfants nés en France de parents nés en Algérie avant l'indépendance, donc dans un département français, ne sont français que si, au moment de leur naissance, l'un au moins de leurs parents résidait régulièrement en France depuis cinq ans.

– Enfin, les conjoints de Français ne peuvent acquérir la nationalité française par déclaration qu'au bout de deux ans et non plus six mois de mariage et de vie commune, sauf si le couple a des enfants.

La « loi Guigou » : une restauration incomplète du droit du sol

Un des premiers actes de la gauche, lorsqu'elle revient au pouvoir, est de rétablir l'acquisition sans formalité de la nationalité française à dix-huit ans pour les enfants nés en France, tout en conservant la possibilité de réclamer cette nationalité, sans autorisation parentale, à partir de seize ans. Mais la loi du 16 mars 1998, dite « loi Guigou », ne rétablit pas intégralement l'état du droit antérieur : la nationalité française ne peut être réclamée au nom de l'enfant mineur par ses parents qu'à partir de l'âge de treize ans et non plus dès la naissance, comme avant 1993. Pour justifier cette solution, on fait valoir qu'on peut juger de l'intégration d'un enfant de treize ans, mais non de celle d'un enfant en bas âge. Il y a là un retournement qui n'est pas anodin : l'attribution de la nationalité française n'apparaît plus comme un facteur propre à favoriser l'intégration de l'enfant mais comme la conséquence de cette intégration.

La nationalité, une question de police des étrangers

Il a toujours existé un lien entre le droit de l'immigration et le droit de la nationalité. Ce lien est devenu encore plus visible au cours des vingt dernières années, en raison de la concomitance des réformes de la législation sur l'entrée et le séjour et des réformes du Code de la nationalité. Le législateur avait néanmoins pris soin de les aborder séparément pour donner une apparence de crédibilité à l'affirmation souvent réitérée que les textes sur la nationalité sont destinés à régir le destin de la communauté nationale et non à réguler les flux migratoires. Les lois adoptées depuis 2003 – lois Sarkozy du 26 novembre 2003 et du 24 juillet 2006 et loi Besson du 16 juin 2011 – ne s'encombrent plus de cette précaution formelle: visant à lutter contre l'immigration «subie» ainsi qu'à protéger l'identité nationale, elles incluent un certain nombre de dispositions sur la nationalité dont il ressort clairement que les mêmes préoccupations guident le traitement des questions de nationalité et de police des étrangers. Il n'en résulte pas une réforme d'envergure; mais l'addition de mesures dont chacune n'a qu'une portée ponctuelle dessine bien l'orientation générale: créer des obstacles supplémentaires à l'accès à la nationalité française de tous ceux dont on met en doute la bonne foi, qu'on soupçonne de ne pas être intégrables... ou qu'on ne souhaite tout simplement pas intégrer parce qu'ils ne correspondent pas à l'image qu'on a de l'identité nationale.

Parmi les modifications législatives les plus significatives, on peut évoquer d'abord le sort réservé aux conjoints de Français, cohérent avec les restrictions apportées à leur droit au séjour. À l'issue des réformes successives, le délai pour déposer une demande d'acquisition de la nationalité française est porté à quatre ans – et même cinq si le demandeur n'a pas résidé en France pendant au moins trois ans. Le fait d'avoir eu des enfants, bien qu'apportant la preuve que le mariage n'est pas de complaisance, ne supprime plus ce délai. La loi précise même que c'est la communauté de vie «tant *affective* que matérielle» entre les époux qui ne doit pas avoir cessé. La connaissance de la langue française devient une condition de recevabilité de la déclaration. Le gouvernement dispose de deux ans au lieu d'un pour faire opposition, le délai d'enregistrement passe lui aussi d'un an à deux ans et la cessation de la communauté de vie pendant l'année qui suit l'enregistrement vaut présomption de fraude: au total, le conjoint n'est définitivement fixé sur son sort qu'au bout de sept, voire huit ans.

La naturalisation a été elle aussi touchée par les réformes. Ainsi, pour remplir la condition d'assimilation le postulant doit justifier de sa connaissance non plus seulement de la langue française – dont la vérification se fait désormais par la production d'un diplôme ou d'une attestation, ce qui relève mécaniquement le niveau d'exigence – mais aussi de l'histoire, de la culture et de la société françaises. Il doit aussi faire la preuve qu'il connaît les droits et devoirs conférés par la nationalité française et justifier de son adhésion aux principes et aux valeurs essentiels de la République.

Tout aussi significative de l'amalgame entre nationalité et police des étrangers est la réforme de la procédure mise en œuvre à partir de 2010 qui a consisté à déconcentrer au niveau des préfectures le pouvoir d'instruction et – en partie – de décision. L'objectif affiché était de réduire les délais de traitement des demandes en supprimant la double instruction des dossiers à l'échelon préfectoral et à l'échelon ministériel. Cette réforme avait dès son annonce suscité une série de craintes : la crainte de disparités dans le traitement des demandes d'un département à l'autre, mais aussi la crainte, dès lors que le traitement des dossiers est confié à des agents qu'on a surtout formés à lutter contre l'« immigration subie » et à faire du chiffre en matière d'éloignement, que les préfectures n'adoptent une attitude encore plus restrictive que la sous-direction de l'accès à la nationalité française.

Ces craintes se sont malheureusement révélées fondées. En janvier 2012, Claude Guéant, alors ministre de l'Intérieur, relevait, pour s'en féliciter, que le nombre d'étrangers naturalisés avait chuté de 30 % en 2011 et qu'alors que près de trois quarts des demandes étaient acceptées dans le passé, la majorité d'entre elles étaient aujourd'hui refusées.

Au-delà des chiffres, l'analyse qualitative des décisions de rejet est tout aussi éclairante. Non seulement les conditions posées par la loi sont interprétées de façon excessivement stricte, mais on est plus encore frappé par les motifs invoqués pour justifier un refus ou un ajournement : l'insuffisante stabilité des ressources parce qu'on a un CDD, alors même que ce contrat est reconduit depuis des années ; le fait d'avoir été des années auparavant en situation irrégulière ou d'avoir hébergé dans un passé, lui aussi lointain, son conjoint alors en situation irrégulière ; le retard dans l'acquittement d'un impôt ou un litige mineur et ancien avec le fisc depuis longtemps régularisé. Le soupçon d'un défaut d'assimilation est systématique face aux personnes d'origine musulmane, *a fortiori* face à une femme qui porte le foulard, et donne lieu à des interrogatoires intrusifs dans la vie privée des intéressés pour vérifier que leurs comportements et leur mode de vie ne sont pas incompatibles avec les « valeurs de la société française »[1].

Le gouvernement issu des élections de mai-juin 2012 s'était engagé à revenir à une conception plus ouverte de la nationalité française. Les instructions contenues dans la circulaire du ministre de l'Intérieur du 16 octobre 2012, complétée par celle du 21 juin 2013, paraissent néanmoins timides au regard de cet engagement. Elles recommandent certes de ne pas écarter automatiquement de la naturalisation des personnes momentanément au chômage ou titulaires d'un CDD et de ne plus considérer les périodes passées en séjour irrégulier comme un motif de rejet systématique des demandes. Mais il n'est prévu de modifier, sauf de façon très marginale ni le mode d'appréciation des compétences linguistiques, ni l'obligation de connaître l'histoire, la culture et la société françaises, ni celle d'adhérer aux principes et valeurs essentiels de la république. La circulaire rappelle au contraire qu'il est normal qu'un candidat à la nationalité française « n'ignore ni l'héritage commun, ni les institutions de la Nation, ni les valeurs du peuple qu'il entend rejoindre ».

La doctrine officielle reste donc fondamentalement empreinte de l'idée que la nationalité française est une faveur qui se mérite. Elle va de pair avec la méfiance à l'égard des composantes de la société française d'origine étrangère considérées comme un risque pour l'homogénéité

1. Voir « Le dossier noir des naturalisations » en ligne sur le site du Gisti : <www.gisti.org/dossier-noir-des-naturalisations>.

fantasmée de la nation. Ce déni de la diversité des cultures et des modes de vie présents sur le territoire national constitue un obstacle à l'intégration présentée comme l'objectif officiellement poursuivi.

Les textes

Le droit de la nationalité est pour l'essentiel contenu dans le Code civil, complété sur certains points par des décrets d'application. Des circulaires viennent éclairer les conditions de leur mise en œuvre concrète.

Il existe aussi d'autres textes – lois, décrets, et aussi conventions internationales – qui régissent des aspects plus ponctuels du droit de la nationalité : état civil, francisation des noms et prénoms, service national, double nationalité, etc.[1]

Le Code civil

Depuis la loi du 22 juillet 1993 l'ancien Code de la nationalité française a été abrogé en tant que code autonome et intégré dans le Code civil. Désormais, par conséquent, l'essentiel des dispositions concernant le droit de la

1. Les textes relatifs à la nationalité (Code civil, décrets et circulaires) sont regroupés dans une Note juridique éditée par le Gisti : *La Nationalité française. Les textes*, 3e éd., janvier 2010 ; les mises à jour de cette Note sont téléchargeables sur le site du Gisti. On trouve aussi sur ce site l'ensemble des textes relatifs à la nationalité, à l'adresse suivante : <www.gisti.org>, rubrique « Le droit, textes et jurisprudence », section « Textes ».

nationalité figure dans le livre premier du Code civil, dans un titre 1 *bis* intitulé « De la nationalité française », qui comporte les articles 17 à 33-2.

Les décrets d'application

Plusieurs décrets d'application complètent les dispositions du Code civil. Ce sont notamment :

- le décret n° 93-1362 du 30 décembre 1993, modifié à plusieurs reprises et en dernier lieu par le décret n° 2013-794 du 30 août 2013, relatif aux déclarations de nationalité, aux décisions de naturalisation, de réintégration, de perte, de déchéance et de retrait de la nationalité française, qui contient la description détaillée des procédures applicables ;
- le décret n° 98-719 du 20 août 1998, modifié par le décret n° 2008-1010 du 29 septembre 2008 relatif à l'information du public en matière de droit de la nationalité ;
- le décret n° 2012-127 du 30 janvier 2012 approuvant la charte des droits et devoirs du citoyen français.

En outre :

- le tableau IX annexé au Code de l'organisation judiciaire définit le siège et le ressort des tribunaux d'instance compétents en matière de nationalité ;
- le tableau VIII annexé au Code de l'organisation judiciaire définit le siège et le ressort des tribunaux de grande instance compétents pour connaître des contestations en matière de nationalité.

Les circulaires

Diverses circulaires ministérielles donnent des textes législatifs et réglementaires une interprétation qui guide les pratiques administratives. Il est donc utile de les connaître.

La plupart d'entre elles émanent soit du ministère chargé des naturalisation (sous-Direction de l'accès à la nationalité française, précédemment rattachée à la DPM, Direction de la population et des migrations du ministère des Affaires sociales, aujourd'hui rattachée à la Direction de l'accueil, de l'accompagnement des étrangers et de la nationalité du ministère de l'Intérieur), soit de la Chancellerie (bureau de la nationalité, rattaché à la direction des affaires civiles et du sceau du ministère de la Justice).

On signalera notamment :
- la circulaire NOR : IMIC0900097C du 29 décembre 2009 relative à la procédure d'acquisition de la nationalité française en raison du mariage ;
- la circulaire NOR : JUSC1017281C du 11 juin 2010 relative à la réception et l'enregistrement des déclarations de nationalité française par les greffiers en chef (*BO Justice*, 30 juin 2010) ;
- la circulaire NOR : IMIC1000113C du 27 juillet 2010 relative à la déconcentration de la procédure d'acquisition de la nationalité française par décision de l'autorité publique ;
- la circulaire NOR : IOCN1114306C du 24 août 2011 relative au contrôle de la condition d'assimilation dans les procédures d'acquisition de la nationalité française ;
- la circulaire NOR : IOCN1132114C du 30 novembre 2011 relative au niveau de connaissance de la langue française requis des postulants à la nationalité française ;
- la circulaire NOR : JUSC1235465C du 10 octobre 2012 relative à la publicité des décisions relatives aux déclarations acquisitives de nationalité française en marge des actes de l'état civil ;
- la circulaire NOR : INTK1207286C du 16 octobre 2012 relative aux procédures d'accès à la nationalité française ;
- la circulaire NOR : INTK1300198C du 21 juin 2013 relative à l'accès à la nationalité française qui complète la précédente.

Deux circulaires traitent plus particulièrement des *problèmes de preuve* :
- la circulaire CIV n° 95-8/D3 du 5 mai 1995 (NOR : JUS/C/95/20374/C) relative à la délivrance des certificats de nationalité française (*BO Justice* n° 58/1995) ;

- le circulaire CIV n° 98-17/C2 du 24 décembre 1998 (NOR: JUS/C/98/20845/C) relative à l'amélioration des conditions de délivrance des certificats de nationalité française (*BO Justice*, n° 72/1998).

Remarque. — Les circulaires doivent être obligatoirement mises en ligne sur un site web dédié: <http://circulaire.legifrance.gouv.fr>. Selon l'article 1er du décret n° 2008-1281 du 8 décembre 2008, entré en vigueur le 1er mai 2009, les circulaires non publiées sur ce site ne sont en principe pas applicables. Il n'est pas certain, toutefois, que ce principe soit entièrement respecté. Ainsi, on ne trouve sur le site aucune circulaire antérieure à 2009 avec le mot-clé «nationalité» alors que les circulaires postérieures à cette date renvoient souvent à des circulaires antérieures non mises en ligne (mais qu'on trouve sur le site du Gisti: voir note 1 p. 21).

Les conventions internationales

Outre la convention de Strasbourg du 6 mai 1963 sur la réduction des cas de plurinationalité et ses protocoles modificatifs, dont la portée est aujourd'hui considérablement réduite (voir *infra*, p. 124), on peut mentionner les traités réglant les conséquences, en matière de nationalité, d'une cession de territoire ou de l'accession d'un territoire à l'indépendance, ainsi que les nombreux traités bilatéraux ou multilatéraux qui traitent de questions telles que le service militaire ou les impositions fiscales en cas de double nationalité.

Présentation simplifiée des règles d'attribution et d'acquisition de la nationalité française[1]

La nationalité française est attribuée à la naissance :

• à l'enfant né d'un parent français, quel que soit son lieu de naissance ;

• à l'enfant né en France, si :

- l'un de ses parents est lui-même né en France ;
- l'un de ses parents est né en Algérie avant l'indépendance ;
- il est né de parents inconnus ou apatrides ou de parents qui ne lui ont pas transmis leur propre nationalité ;
- il est né avant le 31 décembre 1993 et l'un de ses parents est lui-même né sur le territoire d'un État qui, au moment de la naissance de ce parent, était sous souveraineté française.

La nationalité française s'acquiert (pendant la minorité ou à l'âge adulte) :

1. Il s'agit là d'une présentation volontairement simplifiée, qui ne prend en compte que les situations les plus fréquentes et les règles le plus généralement applicables.

• à raison de la naissance et de la résidence en France :
- l'enfant né en France devient français à sa majorité s'il a résidé en France pendant cinq années depuis l'âge de onze ans ;
- il peut, à partir de seize ans, dans les mêmes conditions, et sans le consentement de ses parents, acquérir la nationalité française par déclaration ;
- ses parents peuvent réclamer pour lui la nationalité française, avec son consentement, lorsqu'il atteint l'âge de treize ans, s'il réside en France depuis l'âge de huit ans.

• à raison du mariage avec un ressortissant français : l'étranger(e) qui épouse un(e) Français peut acquérir la nationalité française par déclaration après quatre (ou cinq) ans de mariage ;

• par naturalisation. La naturalisation peut être demandée par l'étranger qui réside en France depuis plus de cinq ans (ou moins, dans certains cas) mais son octroi est discrétionnaire.

La nationalité française outre-mer

La Constitution française prévoit d'éventuelles adaptations des lois et règlements en outre-mer mais exclut la nationalité de leur champ. Ainsi, le titre du Code civil relatif à la « nationalité française » s'applique « en France », expression qui s'entend ici du territoire métropolitain, des départements et des collectivités d'outre-mer ainsi que de la Nouvelle-Calédonie et des Terres australes et antarctiques françaises (art. 17-4), donc de l'intégralité du territoire national.

Mais il existe quelques nuances à ce principe.

Le droit du sol, en particulier, n'existait pas jusqu'à l'intervention de la loi du 22 juillet 1993 à Mayotte, ni dans les îles Wallis et Futuna. Les effets de la naissance en France prévus par le droit commun de la nationalité (qu'il s'agisse du « double droit du sol » ou des effets différés de la simple naissance en France) ne sont devenus applicables dans ces collectivités qu'à compter du 1er janvier 1994, avec effet rétroactif pour les personnes mineures à cette date. Il ne concerne donc que les personnes nées après le 31 décembre 1975.

Pour circuler dans ce guide...

Si vous voulez connaître dans son ensemble l'état actuel du droit de la nationalité,

vous pouvez lire ce guide comme un livre, du début à la fin. Vous verrez ainsi successivement:

- que la nationalité française peut être:
  - soit **attribuée à la naissance** : c'est la nationalité d'origine **(1)**,
  - soit **acquise** ultérieurement **(2)**;
- qu'il est possible, dans certains cas, de **perdre** – volontairement ou involontairement – la nationalité française **(3)** ;
- qu'il ne suffit pas d'avoir la nationalité française: il faut encore pouvoir en faire la **preuve (4)** ;
- qu'enfin des **recours** sont ouverts pour contester les décisions de l'administration ou faire reconnaître sa nationalité **(5)**.

Si vous cherchez la réponse à une question précise,

vous pouvez bien sûr consulter la table des matières, ou encore l'index détaillé, mais vous pouvez aussi entrer dans ce guide en repérant dans les pages qui suivent la situation dans laquelle vous vous trouvez, ou le problème que vous rencontrez.

Vous voulez...

... savoir si vous avez ou non la nationalité française ;
... acquérir la nationalité française, ou la retrouver ;
... perdre, ou renoncer à la nationalité française ;
... prouver que vous avez la nationalité française ;
... connaître les conséquences pour vous de l'acquisition de la nationalité française ;
... vous défendre contre une décision ou faire face à une difficulté administrative.

1. Vous voulez savoir si vous avez ou non la nationalité française,

alors que vous n'avez accompli aucune formalité particulière pour l'acquérir.

Plusieurs éléments sont à prendre en compte :

- la nationalité de vos parents ;
- votre lieu de naissance et, le cas échéant, le lieu de naissance de vos parents ;
- votre date de naissance et, le cas échéant, celle de vos parents.

En fonction de ces éléments, vous pouvez être français depuis la naissance, ou l'être devenu après votre naissance.

1. Un de vos parents au moins est français

Vous êtes français(e) de naissance, « par filiation » (v. p. 36).

Selon que vous êtes né(e) en France ou hors de France, qu'un seul de vos parents ou au contraire les deux sont français, vous pouvez ou non répudier la nationalité française (v. p. 41).

2. Aucun de vos parents n'est français

a) Vous êtes né(e) en France

Premier cas: **l'un de vos parents est lui-même né en France**
Vous êtes français(e) de naissance (v. p. 37).

Deuxième cas: **l'un de vos parents est né dans un territoire qui était, à l'époque de sa naissance, sous souveraineté française** (l'Algérie est un cas particulier: v. plus loin)

1. *Vous êtes né(e) avant le 1er janvier 1994*
Vous êtes français(e) de naissance (v. p. 38-39).

2. *Vous êtes né(e) après le 1er janvier 1994*
Vous n'avez pas la nationalité française de naissance. Vous deviendrez ou êtes devenu(e) français(e) sans formalité à votre majorité, ou pendant votre minorité par déclaration (v., ci-après, cinquième cas).

Troisième cas: **l'un de vos parents est né en Algérie avant l'indépendance**

1. *Vous êtes né(e) avant le 1er janvier 1963*
Vous êtes devenu algérien avec vos parents lors de l'indépendance, sauf si vos parents ont fait une déclaration de reconnaissance de la nationalité française (v. p. 38).

2. *Vous-même êtes né(e) après le 1er janvier 1963*
Vous êtes français(e) de naissance (v. p. 38).

Quatrième cas: **vous êtes né(e) de parents inconnus**
Vous êtes français(e) de naissance (v. p. 41).

Cinquième cas: **aucun de vos parents n'est né en France ni dans un territoire qui était sous souveraineté française à l'époque de leur naissance**

Vous n'avez pas la nationalité française de naissance, sauf si :

- *aucun de vos parents ne vous transmet sa nationalité, du fait de la législation de son pays* (v. p. 39)

ou si :

- *vos parents sont apatrides* (v. p. 39).

Mais vous avez pu ou vous pourrez acquérir la nationalité française en raison de votre naissance et votre résidence en France dans les conditions suivantes :

1. *Vous avez atteint l'âge de dix-huit ans avant le 1er janvier 1994 et vous résidiez en France depuis l'âge de treize ans au moins*

Vous êtes devenu(e) français(e) sans formalité à votre majorité (v. p. 46) (ou plus tôt si vos parents ont réclamé pour vous la nationalité française pendant votre minorité, v. p. 53).

2. *Vous avez atteint l'âge de dix-huit ans après le 1er septembre 1998 et vous avez résidé en France pendant cinq années au moins entre l'âge de onze ans et l'âge de dix-huit ans*

Vous êtes devenu(e) ou deviendrez français(e) sans formalité à votre majorité (v. p. 47) (ou plus tôt, à partir de treize ans, par déclaration : v., ci-après, **2** et p. 53).

N. B. Si vous avez atteint l'âge de dix-huit ans entre le 1er janvier 1994 et le 1er septembre 1998, vous n'êtes devenu(e) français(e) que si vous en avez manifesté la volonté, conformément à la procédure alors en vigueur.

b) Vous êtes né(e) hors de France

Vous n'avez pas la nationalité française.

Vous ne pouvez devenir français(e) qu'en suivant l'une des procédures dites d'acquisition de la nationalité française (déclaration ou naturalisation, v. p. 52 et 72).

2. Vous voulez acquérir la nationalité française, ou la retrouver.

1. Au cours de la minorité

a) Vous êtes né(e) en France de parents étrangers

1. *Vous avez atteint ou atteindrez l'âge de dix-huit ans après le 1er septembre 1998*

Vous pouvez acquérir la nationalité française avant l'âge de dix-huit ans :

- *à partir de vos treize ans*, vos parents peuvent, avec votre consentement, réclamer pour vous la nationalité française par déclaration (v. p. 53) ;
- *à partir de l'âge de seize ans*, vous-même pourrez effectuer seul(e) cette démarche (v. p. 53).

2. *Vous avez atteint l'âge de dix-huit ans entre le 1er janvier 1994 et le 1er septembre 1998*

Vous êtes devenu(e) français(e) si vous avez fait la démarche prévue par la législation alors en vigueur dite de la « manifestation de volonté » (v. p. 46).

b) Vous avez été recueilli ou fait l'objet d'une adoption simple en France, ou encore confié aux services de l'Aide sociale à l'enfance avant l'âge de quinze ans

La nationalité française peut être réclamée par déclaration, mais impérativement pendant votre minorité (une fois majeur, il faut, pour devenir français(e), utiliser la procédure de naturalisation) (v. p. 54).

c) Vos parents ont acquis ou vont acquérir la nationalité française

Vous êtes devenu(e) ou deviendrez français par l'« effet collectif » (v. p. 102).

2. Après l'âge de la majorité

▶▶ Ne pas oublier de consulter les cas d'empêchements à l'acquisition de la nationalité française (v. p. 99).

Premier cas : **vous êtes marié(e) avec un(e) Français(e)**

Vous pouvez acquérir la nationalité française par déclaration, après quatre ans de mariage (ou cinq ans si vous n'avez pas résidé en France pendant au moins trois ans) (v. p. 55).

Deuxième cas : **vos ascendants ont eu la nationalité française et l'ont perdue parce qu'ils ont vécu longtemps à l'étranger**

Si vous avez conservé ou acquis des « liens manifestes avec la France », vous pouvez réclamer la nationalité française (v. p. 60).

Troisième cas : **vous avez eu dans le passé la nationalité française, mais vous l'avez perdue**

1. *Vous avez perdu la nationalité française en raison de votre mariage avec un étranger ou de l'acquisition volontaire d'une nationalité étrangère*

La procédure à suivre est celle de la réintégration par déclaration (v. p. 60).

2. *Vous avez perdu la nationalité française pour une autre raison*

La procédure à suivre est celle de la réintégration par décret (v. p. 84).

Quatrième cas : **votre situation ne correspond à aucun des trois cas énumérés ci-dessus**

La procédure à suivre pour devenir français(e) est la naturalisation par décret (v. p. 71).

3. Vous voulez perdre, ou renoncer à la nationalité française.

▶▶ On ne peut répudier la nationalité française ou demander à la perdre que si l'on possède une autre nationalité, et sous certaines autres conditions.

▶▶ Il y a également des situations où l'on peut perdre la nationalité française sans l'avoir souhaité (v. p. 119).

Premier cas: **vous êtes français(e) par filiation, mais un seul de vos deux parents est français**

Vous pouvez, si vous êtes né(e) hors de France, répudier la nationalité française entre dix-sept ans et demi et dix-neuf ans (v. p. 41).

Deuxième cas: **vous êtes né(e) en France de deux parents étrangers dont un seul est né en France**

Vous pouvez répudier la nationalité française entre dix-sept ans et demi et dix-neuf ans (v. p. 41).

Troisième cas: **vous êtes devenu(e) français(e) pendant votre minorité par « effet collectif » de l'acquisition de la nationalité française par vos parents**

Vous pouvez, si vous êtes né(e) hors de France, répudier la nationalité française entre dix-sept ans et demi et dix-neuf ans (v. p. 104).

Quatrième cas: **vous avez acquis volontairement une nationalité étrangère, ou bien vous avez acquis celle de votre conjoint**

Vous pouvez, sous certaines conditions, souscrire une déclaration en vue de répudier ou perdre la nationalité française (v. p. 114-115).

Cinquième cas: **vous ne vous trouvez dans aucun des cas précédents**

Vous devez demander la « libération des liens d'allégeance » (v. p. 117).

4. Vous voulez prouver que vous avez la nationalité française.

1.Vous avez la nationalité française d'origine

C'est à vous de prouver que vous êtes français(e), soit en prouvant que l'un de vos parents était français, soit en prouvant que vous êtes né(e) en France d'un parent qui lui-même y est né (v. p. 129-130).

2. Vous avez acquis la nationalité française

Vous disposez en général, sauf dans le cas d'une acquisition sans formalité à la majorité (v. p. 131), d'un document officiel établissant que vous avez acquis la nationalité française et il vous suffira de le produire (v. p. 131).

3. Vous avez besoin d'obtenir

- un certificat de nationalité française (v. p. 132);
- une carte d'identité (v. p. 134);

5. Vous voulez connaître les conséquences pour vous de l'acquisition de la nationalité française.

Vous vous posez les questions suivantes:
- Vos enfants deviennent-ils français comme vous? (v. p. 102)
- Pouvez-vous franciser votre nom? (v. p. 104)
- Que devient votre nationalité d'origine? (v. p. 107)
- Devez-vous effectuer un service national? Lequel? (v. p. 108)
- Pouvez-vous vous inscrire sur les listes électorales? Quand? (v. p. 112)

6. Vous voulez vous défendre contre une décision ou faire face à une difficulté administrative.

Vous avez la possibilité de faire des recours (v. p. 137 *et s.*).

L'attribution de la nationalité française

Pour attribuer la nationalité française à la naissance, dite aussi nationalité française d'origine, la loi prend en considération deux éléments de rattachement de l'individu à la France : sa filiation à l'égard d'un ou deux parents français *(jus sanguinis)* **(A)** ou sa naissance en France *(jus soli)* **(B)**.

L'attribution de la nationalité française à la naissance est, en général, définitive. Dans certains cas, toutefois, la loi prévoit une faculté de répudiation **(C)**.

A. L'attribution de la nationalité française en raison de la filiation

Est français dès la naissance l'enfant dont l'un des parents – la mère ou le père – est français, qu'il soit né en France ou à l'étranger (art. 18 du Code civil).

La règle est la même lorsque l'enfant a fait l'objet d'une adoption plénière (art. 20 du Code civil).

La nationalité des parents à prendre en considération est celle qu'ils avaient *au jour de la naissance de l'enfant.*

Dans le cas d'une adoption plénière, si les parents ont acquis la nationalité française après la naissance de l'enfant et avant le jugement d'adoption, l'enfant n'est pas considéré comme français par filiation. Cette solution paradoxale résulte de ce que l'adoption plénière recrée fictivement et rétroactivement un lien de filiation qui prend effet au moment de la naissance de l'enfant.

Remarques. – 1) Pour produire des effets sur la nationalité, la filiation doit être établie durant la minorité de l'enfant (art. 20-1 du Code civil). Par conséquent, l'établissement tardif de la filiation, par exemple la reconnaissance de l'enfant après la majorité de celui-ci, est sans effet sur sa nationalité ; inversement, la contestation tardive de la filiation est elle aussi sans effet sur la nationalité de l'enfant devenu majeur, qui conserve la nationalité française.
2) Lorsque plusieurs lois sont en conflit pour déterminer la filiation de l'enfant, le Code civil précise que la filiation est régie par la loi personnelle de la mère au moment de la naissance de l'enfant (art. 311-14).

Toutefois, si un seul des parents est français et si l'enfant est né à l'étranger, il possède une faculté de répudiation entre dix-sept ans et demi et dix-neuf ans (v. *infra*, p. 41).

Pour le cas de l'enfant ayant fait l'objet d'une adoption simple, v. *infra*, p. 54.

B. L'attribution de la nationalité française en raison de la naissance en France

Remarque. – La France s'entend du territoire de la métropole, des départements d'outre-mer, des collectivités d'outre-mer, de la Nouvelle-Calédonie et des Terres australes et antarctiques françaises (art. 17-4 du Code civil). Toutefois, les règles exposées dans cette subdivision ne s'appliquent à Mayotte et dans les îles Wallis et Futuna qu'aux personnes nées après le 31 décembre 1975 (v. p. 26). En effet, les conséquences attachées à la naissance en France par le droit commun de la nationalité ne sont devenues applicables dans ces territoires qu'à compter du 1er janvier 1994, avec effet rétroactif pour les personnes mineures à cette date.

La naissance en France n'est en règle générale pas suffisante à elle seule pour conférer la nationalité française d'origine. L'enfant né en France se verra toutefois attribuer la nationalité française dès la naissance si l'un de ses parents est lui-même né en France ou s'il n'a aucune autre nationalité.

1. Premier cas : l'enfant né en France d'un parent lui-même né en France

a) Règle générale

La « double naissance » en France – c'est-à-dire du parent et de l'enfant – confère la nationalité française d'origine (art. 19-3 du Code civil).

Toutefois, si un seul des parents est né en France, l'intéressé peut répudier la nationalité française entre dix-sept ans et demi et dix-neuf ans (v. *infra*, p. 41).

Remarque. – Les enfants de diplomates ou de consuls de carrière ne peuvent bénéficier des dispositions de l'article 19-3 (art. 20-5 du Code civil).

b) Application aux enfants d'Algériens

Il faut ici distinguer suivant la date de la naissance de l'enfant.

1. Les enfants d'Algériens nés *avant le 1er janvier 1963* ont suivi le sort de leurs parents, et cela *même s'ils sont nés sur le territoire métropolitain*. Ils sont soit restés français si leurs parents (leur père ou, en l'absence ou en cas de décès du père, leur mère) ont fait une déclaration de reconnaissance de la nationalité française, soit, et c'est le cas le plus fréquent, devenus algériens en l'absence de cette déclaration.

2. Les enfants d'Algériens nés en France *après le 1er janvier 1963* sont français d'origine, comme étant nés en France de parents nés en Algérie, alors territoire français, et cela quand bien même leurs parents auraient perdu la nationalité française lors de l'indépendance. La règle, bien entendu, ne joue plus si les parents sont nés après le 3 juillet 1962, date officielle d'accès à l'indépendance de l'Algérie, puisqu'ils sont nés dans ce cas sur le territoire d'un pays étranger.

c) Application aux enfants des ressortissants des anciennes colonies ou territoires d'outre-mer

Jusqu'à la loi du 22 juillet 1993, et plus précisément par application de l'article 23 de la loi du 9 janvier 1973, la naissance des parents dans un territoire qui avait, lors de leur naissance, le statut de colonie ou de territoire d'outre-mer de la République française était assimilée à la naissance en France.

En conséquence, les enfants des ressortissants des anciens territoires sous souveraineté française (Sénégal, Côte-d'Ivoire, Congo...) qui sont nés en France, après l'indépendance, de parents eux-mêmes nés avant l'accès de ces territoires à l'indépendance (1960 le plus souvent) étaient français à la naissance comme nés en France de parents qui eux-mêmes y sont nés, même si leurs parents avaient perdu la nationalité française du fait de l'accession à l'indépendance du territoire concerné.

Remarque. – La règle ne s'appliquait pas aux territoires anciennement sous tutelle ou qui avaient le statut de protectorat (la liste de ces territoires est donnée en annexe). Elle s'appliquait en revanche aux anciens établissements français de l'Inde.

La loi du 22 juillet 1993 a abrogé ces dispositions pour l'avenir. Il faut donc faire une distinction selon la date de naissance de l'intéressé.

– Les personnes nées en France avant *le 1er janvier 1994* de parents nés sur les territoires concernés avant l'indépendance sont françaises.

▶▶ Puisqu'il s'agit d'une attribution de plein droit, peu importe qu'elles n'aient effectué aucune démarche, avant l'entrée en vigueur de la loi, pour obtenir un certificat de nationalité ou une carte d'identité attestant leur qualité de Français.

– Les enfants nés en France *après le 1er janvier 1994* sont étrangers. Toutefois, comme tous les enfants nés en France ils acquerront la nationalité française sans formalité à leur majorité s'ils remplissent les conditions et peuvent également réclamer cette nationalité au cours de leur minorité (v. *infra*, p. 53).

Remarque. — À Mayotte et dans les îles de Wallis et Futuna, la règle de la « double naissance » ne s'applique aux personnes nées après le 31 décembre 1975 que si un de leurs parents est né dans un territoire qui était français au moment de cette naissance et l'est resté. La naissance d'un parent dans l'Union des Comores avant la date de son indépendance (11 avril 1976) est ainsi sans effet sur la nationalité de l'enfant, même dans le cas d'une personne née à Mayotte avant le 1er janvier 1994.

2. Deuxième cas : l'enfant né en France de parents apatrides ou de parents étrangers dont la nationalité ne se transmet pas à l'enfant

L'article 19-1 du Code civil déclare français l'enfant né en France de parents apatrides, ou de parents étrangers si la loi étrangère ne lui attribue en aucune façon la nationalité de l'un ou l'autre des parents.

Cette règle vise à éviter les cas d'apatridie. Elle trouve notamment à s'appliquer lorsque la législation de l'État d'origine ne reconnaît que le *jus soli*, de sorte que l'enfant né en France, donc hors du territoire du pays d'origine de ses parents, ne se voit pas attribuer la nationalité de ceux-ci (c'est le cas d'un certain nombre d'États d'Amérique latine). Toutefois, l'enfant n'est français à la naissance que si la loi étrangère ne permet « en aucune façon » la transmission de la nationalité de l'un ou l'autre des parents : autrement dit, si l'enfant peut avoir la nationalité de ses parents à condition que ces derniers l'enregistrent au consulat, l'enfant ne sera pas français à la naissance.

Remarque. – Cette restriction ne s'applique pas lorsque les parents sont réfugiés ou demandeurs d'asile, car on ne peut leur imposer de faire enregistrer leur enfant auprès du consulat de leur pays.

La règle s'applique également aux enfants naturels lorsque la législation du pays d'origine de leur père ou de leur mère ne reconnaît pas d'effet sur la nationalité à la filiation naturelle (ce peut être le cas dans certains pays musulmans).

L'attribution de la nationalité française n'est pas dans ce cas irrévocable : si, pendant sa minorité, la nationalité étrangère acquise ou possédée par l'un de ses parents est transmise à l'enfant, il est réputé n'avoir jamais été français.

Remarque. – Les dispositions applicables aux enfants nés de parents apatrides ne concernent pas les enfants dont les parents ont le statut de réfugié. Elles concernent uniquement ceux dont les parents se sont vu reconnaître le statut d'apatride au sens de la Convention de New York du 28 septembre 1954 relative au statut des apatrides ou dont l'apatridie aura été directement appréciée par les tribunaux à l'occasion d'un contentieux relatif à la nationalité française de l'enfant.

3. Troisième cas : l'enfant né en France de parents inconnus

L'article 19 du Code civil attribue à l'enfant né en France de parents inconnus la nationalité française.

Mais cette nationalité a un caractère provisoire. Si la filiation de l'enfant est établie, pendant sa minorité, à l'égard d'un étranger, et si cette filiation a pour effet de lui conférer rétroactivement à la naissance la nationalité étrangère de son parent, l'enfant est censé n'avoir jamais été français (si, en revanche, l'établissement de la filiation étrangère ne lui confère pas une autre nationalité, il demeure français).

C. La répudiation de la nationalité française

En principe, la nationalité attribuée à la naissance a un caractère définitif. Dans certains cas, l'intéressé peut toutefois répudier la nationalité française entre dix-sept ans et demi et dix-neuf ans.

1. La faculté de répudiation

La faculté de répudiation de la nationalité française existe dans deux hypothèses :

- lorsque l'enfant est né à l'étranger d'un parent français et d'un parent étranger né à l'étranger (art. 18-1 du Code civil) (v. *supra*, p. 36) ;
- lorsque l'enfant est né en France d'un parent étranger né en France et d'un parent étranger ou apatride né à l'étranger (art. 19-4 du Code civil) (v. *supra*, p. 37).

2. Les conditions de la répudiation

- *Délai.* La faculté de répudiation peut être exercée dans les six mois précédant la majorité de l'intéressé et dans les douze mois qui la suivent. C'est donc entre dix-sept ans et demi et dix-neuf ans que les formalités doivent être effectuées.
- *Capacité.* Le mineur qui veut répudier la nationalité française peut agir seul.
- *Possession d'une nationalité étrangère par filiation.* Aux termes de l'article 20-3 du Code civil, nul ne peut répudier la nationalité française s'il ne prouve qu'il a par filiation une nationalité étrangère, cela afin d'éviter les cas d'apatridie. La preuve de la possession d'une nationalité étrangère par filiation se fait par un certificat délivré par les autorités consulaires du pays dont l'intéressé a la nationalité.

3. La perte de la faculté de répudiation

La faculté de répudiation se perd dans trois cas:

- L'enfant qui possède la faculté de répudiation peut y renoncer par *déclaration expresse à partir de l'âge de seize ans* (art. 20-2 du Code civil). Cette renonciation a pour effet de fixer définitivement la nationalité française de l'enfant mineur, qui ici encore peut agir seul.
- *L'engagement dans l'armée française* équivaut à une renonciation expresse à la faculté de répudier la nationalité française (art. 20-4 du Code civil).
- L'enfant perd la faculté de répudier la nationalité française lorsque, durant sa minorité, *celui de ses parents qui était étranger ou apatride* dans l'hypothèse prévue à l'article 18-1 du Code civil, ou l'un de ses parents dans l'hypothèse de l'article 19-4, *acquiert la nationalité française.*

4. La procédure de répudiation

La répudiation et la renonciation à la faculté de répudiation prennent la forme d'une déclaration. Elles sont régies par les dispositions générales relatives aux déclarations (art. 26 et suivants du Code civil, art. 22 à 34 du décret du 30 décembre 1993 modifié).

a) La déclaration

La déclaration est reçue par le greffier en chef du tribunal d'instance compétent du lieu de résidence de l'intéressé. Si celui-ci réside dans une collectivité d'outre-mer, elle est reçue par le président du tribunal de première instance ou par le juge chargé de la section détachée (art. 33-1 du Code civil). Si l'intéressé réside à l'étranger, la déclaration est reçue par l'autorité consulaire.

La déclaration doit être accompagnée, outre d'un extrait d'acte de naissance, des pièces attestant que les conditions de la répudiation sont remplies (certificat délivré par les autorités du pays dont il se réclame établissant qu'il a par filiation la nationalité de ce pays, certificat de nationalité française, pièces établissant que le parent étranger ou apatride n'a pas acquis la nationalité française, etc.).

L'autorité qui reçoit la déclaration remet au déclarant un récépissé daté dès qu'il a reçu la totalité des pièces nécessaires.

b) L'enregistrement de la déclaration

Lorsque la demande est souscrite en France, l'autorité compétente pour enregistrer la déclaration est le greffier en chef du tribunal d'instance qui a reçu la déclaration. Si la demande est souscrite à l'étranger, l'autorité compétente est le ministre de la Justice, auquel l'autorité consulaire transmet le dossier et les pièces justificatives.

Le greffier en chef du tribunal d'instance – ou le ministre de la Justice pour les déclarations souscrites à l'étranger – peut refuser d'enregistrer la déclaration s'il estime que les conditions légales ne sont pas remplies. La décision de refus d'enregistrement doit être motivée et notifiée au déclarant *avant l'expiration du délai de six mois* à compter de la délivrance du récépissé. Le déclarant a lui-même six mois pour contester cette décision devant le tribunal de grande instance (art. 26-3 du Code civil).

Une fois le délai de six mois écoulé sans que soit intervenue une décision de refus d'enregistrement, celui-ci est *de droit* : une copie de la déclaration revêtue de la mention de l'enregistrement doit être remise à l'intéressé (art. 26-4 du Code civil). Dans le cas contraire, l'intéressé ne doit pas hésiter à réclamer cette copie à l'administration.

Dans le délai de deux ans suivant la date à laquelle l'enregistrement a été effectué, le ministère public garde la possibilité de le contester, si les conditions légales ne sont pas satisfaites.

5. Les effets de la répudiation

La répudiation fait perdre la qualité de Français à compter du jour où la déclaration a été souscrite, à condition bien sûr qu'elle ait été régulièrement enregistrée.

2 L'acquisition de la nationalité française

L'acquisition de la nationalité française se distingue de l'attribution de la nationalité française d'origine par le fait que l'intéressé a, jusqu'au moment où il acquiert cette nationalité, la qualité d'étranger. Les formalités sont d'autant plus légères et l'accès à la nationalité française est d'autant plus aisé que les liens de la personne avec la France sont plus étroits.

Ainsi, trois hypothèses principales sont à distinguer :
- l'acquisition de la nationalité française à dix-huit ans *sans formalité* par le jeune né en France et qui y réside **(A)** ;
- l'acquisition par *déclaration*, qui concerne notamment les jeunes nés en France, au cours de leur minorité, et les conjoints de Français **(B)** ;

- l'acquisition de la nationalité française par décision discrétionnaire des autorités publiques : c'est l'hypothèse de la *naturalisation* ou de la *réintégration* par décret **(C)**.

Un certain nombre d'empêchements à l'acquisition de la nationalité française sont prévus. Ils s'appliquent à l'acquisition par déclaration, naturalisation, réintégration **(D)**.

L'acquisition de la nationalité française entraîne un certain nombre de conséquences : sur les enfants mineurs, sur le service national... **(E)**.

A. L'acquisition de la nationalité française sans formalité à la majorité par les jeunes nés en France

1. L'évolution de la législation

Jusqu'à la loi du 22 juillet 1993, l'enfant né en France devenait français à sa majorité s'il justifiait d'une résidence sur le territoire français pendant les cinq années précédant sa majorité.

▶▶ Les personnes nées en France qui ont atteint l'âge de dix-huit ans avant le 1er janvier 1994 et qui résidaient en France depuis l'âge de treize ans au moins ont donc acquis la nationalité française sans formalité à leur majorité.

La loi du 22 juillet 1993 avait ôté à l'acquisition de la nationalité française son automaticité en introduisant la procédure de manifestation de volonté. L'étranger né en France de parents étrangers pouvait, à partir de l'âge de seize ans et jusqu'à vingt et un ans, acquérir la nationalité française à condition d'en manifester la volonté, de résider en France à la date de la manifestation de volonté et de justifier d'une résidence habituelle en France pendant les cinq années la précédant. Les enfants nés en France de parents étrangers *entre le 1er janvier 1976 et le 31 août 1980* ont donc dû manifester leur volonté de devenir français.

La loi du 16 mars 1998, entrée en vigueur le 1er septembre 1998, a supprimé la manifestation de volonté.

Depuis le 1er septembre 1998, le jeune qui atteint l'âge de dix-huit ans et qui remplit les conditions du nouvel article 21-7 du Code civil acquiert la nationalité française sans formalité (v. ci-après, **2**).

2. L'acquisition de la nationalité française sans formalité

Selon l'article 21-7 du Code civil, tout enfant né en France de parents étrangers acquiert la nationalité française à sa majorité si, à cette date, il a en France sa résidence et s'il a eu sa résidence habituelle en France pendant une période continue ou discontinue d'au moins cinq ans, depuis l'âge de onze ans.

L'acquisition de la nationalité française peut être anticipée pendant la minorité de l'enfant (v. *infra*, p. 53).

a) Les conditions de l'acquisition

1) La naissance en France

La naissance en France s'entend de l'ensemble du territoire national (art. 17-4 du Code civil). Cependant, pour Mayotte et les îles Wallis et Futuna, l'acquisition à la majorité de la nationalité française dans les conditions décrites ci-après ne concerne que les personnes nées après le 31 décembre 1975 (v. p. 26).

Remarque. – Les enfants de diplomates ou de consuls de carrière ne peuvent bénéficier de ces dispositions (art. 21-10 du Code civil). Toutefois, ils ont la faculté de réclamer la nationalité française entre seize et dix-huit ans conformément à l'article 21-11 (v. *infra*, p. 53).

2) La résidence en France

La loi exige que l'enfant réside en France à la date de sa majorité et qu'il y ait eu sa résidence habituelle pendant une période continue ou discontinue d'au moins cinq ans depuis l'âge de onze ans.

La résidence s'entend de la présence effective et habituelle de l'intéressé lui-même sur le territoire français à la date ou au cours de la période prise en considération par la loi. Ce fait, précise la circulaire du 26 août 1998, est étranger à la notion de domicile légal des articles 102 et suivants du Code civil. Dans la pratique, la preuve de la résidence résulte de la production de justificatifs tels que certificats de scolarité, contrats d'apprentissage, attestations de stage, certificats de travail, etc.

Remarque. – La prise en compte de la résidence sur une période continue ou discontinue d'au moins cinq ans permet aux jeunes qui se sont absentés du territoire français pendant deux ans au maximum de bénéficier tout de même de l'acquisition sans formalité de la nationalité française à dix-huit ans. Elle facilite, en outre, la preuve de la résidence en France, notamment pour ceux qui ont interrompu leur scolarité à seize ans, la durée de résidence étant appréciée sur une période qui coïncide avec la scolarité obligatoire.

Sur l'appréciation de la période de cinq ans de résidence habituelle en France, la circulaire du 26 août 1998 précise qu'il ne s'agit pas de se limiter à un décompte simplement mathématique de cette période. L'appréciation de cette durée de cinq ans à l'intérieur de la fourchette de sept ans doit être faite au cas par cas, « en fonction du comportement de chaque personne mineure au cours de cette période établissant ou non sa volonté de poursuivre son intégration dans la communauté française ». Seul un transfert de la résidence habituelle (retour dans la famille restée au pays, volonté de s'installer à l'étranger par exemple) est susceptible de faire obstacle à l'acquisition de la nationalité française.

Remarque. – Aucune durée de résidence en France n'est requise si le mineur est régulièrement incorporé en qualité d'engagé. Il acquiert la nationalité française à la date de son incorporation (art. 21-9, al. 2 du Code civil).

b) La renonciation à la nationalité française

Le jeune qui remplit les conditions pour acquérir la nationalité française sans formalité à sa majorité peut y renoncer. S'il décline la qualité de Français, il est réputé n'avoir jamais été français.

Le jeune peut décliner la qualité de Français dans les six mois qui précèdent sa majorité ou dans les douze mois qui la suivent, soit entre dix-sept ans et demi et dix-neuf ans (art. 21-8 du Code civil). Si le jeune est mineur, il n'est pas nécessaire qu'il soit représenté par celui ou ceux qui exercent à son égard l'autorité parentale. Afin d'éviter l'apatridie, le jeune devra établir qu'il a la nationalité d'un État étranger.

La renonciation se fait dans les mêmes formes que la répudiation (v. *supra*, p. 43).

Comme la faculté de répudiation, la faculté de renoncer à l'acquisition de la nationalité française se perd si l'intéressé contracte un engagement dans l'armée française (art. 21-9 du Code civil). De même, les jeunes qui demandent à être inscrits sur les listes de recensement perdent cette faculté (art. L. 16 du Code du service national).

c) Les éléments permettant d'établir l'acquisition de la nationalité française

Bien que l'acquisition de la nationalité française soit dans cette hypothèse indépendante de l'accomplissement d'une formalité quelconque, l'intéressé doit néanmoins, lorsqu'il entend se prévaloir de sa nationalité française, fournir un certain nombre de documents en vue d'établir qu'il est effectivement devenu français.

Pour se faire établir un certificat de nationalité, les jeunes doivent prouver qu'ils remplissent les conditions requises par la loi, à savoir la naissance en France, la résidence en France à la date de la majorité, la résidence habituelle en France pendant une période continue ou discontinue d'au moins cinq ans depuis l'âge de onze ans, l'absence de déclaration de renonciation.

• La *preuve de la naissance en France* est établie par un acte de l'état civil ou, si la naissance n'a pas été déclarée, par un jugement ordonnant la mention de la naissance en marge du registre, à la date de la naissance (art. 55 du Code civil).

• La *preuve de la résidence en France* est apportée par écrit ou par commencement de preuve par écrit (certificats de scolarité, contrats d'apprentissage, attestations de stage, certificats de travail, etc.).

▶▶ La condition de cinq années de résidence habituelle en France doit être établie entre l'âge de onze ans et l'âge de dix-huit ans. La scolarité étant obligatoire jusqu'à l'âge de seize ans, la preuve de la résidence en France entre l'âge de onze ans et l'âge de seize ans ne présente en général pas de difficulté, l'intéressé pouvant fournir des certificats de scolarité. En revanche, la preuve de la résidence entre seize et dix-huit ans peut poser des problèmes délicats, notamment lorsque le jeune a arrêté l'école à seize ans et ne s'est pas inséré professionnellement.

Remarque. – Les empêchements à l'acquisition de la nationalité française énumérés à l'article 21-27 du Code civil (v. *infra*, p. 99) ne peuvent être opposés aux jeunes concernés (art. 21-27, dernier alinéa).

d) L'information des jeunes

Les services, organismes et collectivités publiques sont tenus à une obligation d'information des jeunes concernés (art. 21-7, al. 2 du Code civil). Le décret n° 98-719 du 20 août 1998 organise cette information.

L'information est notamment assurée dans les mairies, les préfectures, les tribunaux d'instance, les maisons de justice et du droit, les services de la protection judiciaire de la jeunesse, les écoles et les établissements d'enseignement du second degré ainsi que les établissements d'enseignement supérieur, les organismes de sécurité sociale et les organismes débiteurs des prestations familiales (caisses d'allocations familiales et de mutualité sociale agricole).

À l'égard des enfants nés en France de parents étrangers, cette information donnée dans les établissements du second degré (art. R. 511-74 et R. 511-75 du Code de l'éducation) précise le régime de l'acquisition de plein droit de la nationalité française à la majorité, les moyens de faire constater sans délai cette acquisition ou de la décliner, ainsi que les conditions et la procédure d'acquisition anticipée.

3. Le titre d'identité républicain

Un titre d'identité républicain peut être délivré aux enfants mineurs nés en France de parents étrangers (art. L. 321-3 du Code de l'entrée et du séjour des étrangers en France [CESEDA]). Son objectif est de faciliter la preuve de leur identité jusqu'au moment où ils acquerront la nationalité française à partir de l'âge de treize ans ou sans formalité à dix-huit ans.

Le titre d'identité républicain est délivré par le préfet du département où réside habituellement le mineur, à la demande d'une personne exerçant l'autorité parentale, sur présentation :

- du livret de famille ou, à défaut, d'un extrait d'acte de naissance du mineur comportant sa filiation ;
- d'un document justifiant de la régularité du séjour des parents ou, en cas de séparation, de l'un d'entre eux ;
- des documents attestant que la personne qui fait la demande exerce l'autorité parentale sur le mineur pour lequel la demande est formulée.

La durée de validité du titre d'identité républicain est de cinq ans. Il est renouvelé dans les mêmes conditions jusqu'à la majorité de l'enfant. Il doit être restitué si l'enfant acquiert la nationalité française avant la majorité.

Il permet au jeune de prouver son identité pour les démarches de la vie courante, mais surtout de voyager à l'étranger et d'être réadmis en France en dispense de visa.

À cet égard, il remplace le document de circulation pour étrangers mineurs.

Remarque. – Le titre d'identité républicain ne peut être délivré et renouvelé qu'aux enfants dont les parents sont en situation régulière. En effet, le titre de séjour des parents, ou de l'un d'entre eux en cas de séparation, doit être présenté lors de la demande. Les jeunes dont les parents sont en situation irrégulière, s'ils souhaitent se déplacer à l'étranger, peuvent se faire délivrer un document de circulation en tant qu'« étranger mineur justifiant par tout moyen avoir sa résidence habituelle en France depuis qu'il a atteint au plus l'âge de treize ans » (art. L. 321-4 et D. 321-16 du CESEDA).

B. L'acquisition de la nationalité française par déclaration

La loi prévoit de nombreuses hypothèses dans lesquelles un individu peut devenir ou redevenir français à condition qu'il en manifeste la volonté par une déclaration. Contrairement à ce qui est le cas pour l'acquisition de la nationalité française par naturalisation ou réintégration par décret (v. *infra*, p. 72), le gouvernement ne dispose ici d'*aucun pouvoir discrétionnaire* : autrement dit, il ne peut faire obstacle à l'acquisition que pour l'un des motifs énumérés par la loi à l'exclusion de tout autre, et son appréciation de la situation de l'intéressé sera le cas échéant contrôlée par le juge. La faculté d'opposition, au demeurant, n'existe que dans le cas de l'acquisition par mariage.

Toutefois, il existe des empêchements à l'acquisition de la nationalité française par déclaration énumérés à l'article 21-27 du Code civil (v. *infra* p. 99).

1. Les différents cas d'acquisition de la nationalité française par déclaration

Si le déclarant n'a jamais eu la nationalité française, on parle de *réclamation* de nationalité française. S'il s'agit d'une personne qui a perdu la nationalité française et qui entend la recouvrer, on parle alors de *réintégration* dans la nationalité française.

a) La réclamation de nationalité française

Dans tous les cas où les enfants ont la faculté de réclamer la nationalité française, ils doivent, avant l'âge de seize ans, être représentés par leurs parents ou tuteurs, mais peuvent, dès l'âge de seize ans, agir seuls, sans autorisation des parents ou tuteurs (art. 17-3 du Code civil).

1) L'enfant né et résidant en France, et y ayant résidé pendant au moins cinq ans

L'enfant né en France de parents étrangers peut devenir français par anticipation selon deux modalités.

• *Entre seize et dix-huit ans*, l'enfant né en France de parents étrangers peut réclamer la nationalité française par déclaration si, au moment de sa déclaration, il a sa résidence en France et s'il a eu sa résidence habituelle en France pendant une période continue ou discontinue d'au moins cinq ans depuis l'âge de onze ans (art. 21-11, al. 1er du Code civil). L'enfant effectue *seul* cette démarche, sans autorisation de celui ou de ceux qui exercent à son égard l'autorité parentale.

• *Si l'enfant est âgé d'au moins treize ans*, ses parents peuvent réclamer la nationalité française par déclaration en son nom et *avec son consentement personnel*, si au moment de la déclaration l'enfant réside en France et s'il y a eu sa résidence habituelle pendant une période continue ou discontinue d'au moins cinq ans depuis l'âge de *huit ans* (art. 21-11, al. 2 du Code civil.).

Le greffier en chef du tribunal d'instance recueille le consentement personnel du mineur au cours d'un entretien dont il est dressé procès-verbal.

▶▶ Aucun des empêchements à l'acquisition de la nationalité française, énumérés à l'article 21-27 du Code civil (v. *infra*, p. 99), ne peut être opposé au jeune, même s'il demande son certificat de nationalité française après dix-huit ans.

2) L'enfant adopté ou recueilli en France

• *Enfant ayant fait l'objet d'une adoption simple par un Français*

Seule l'adoption plénière par un Français est attributive de la nationalité française (v. *supra*, p. 36). Dans le cas d'une adoption simple, l'enfant peut réclamer la nationalité française à la seule condition qu'il réside en France au moment de la déclaration (art. 21-12, al. 1er du Code civil). Si l'adoption a été prononcée à l'étranger, l'acte qui la constate doit faire préalablement l'objet d'une décision d'exequatur (art. 16 du décret du 30 décembre 1993).

Toutefois, l'obligation de résidence en France est supprimée lorsque l'enfant a été adopté par un Français n'ayant pas sa résidence habituelle en France.

• *Enfant confié au service de l'Aide sociale à l'enfance*

Selon l'article 21-12-1° du Code civil, l'enfant confié au service de l'Aide sociale à l'enfance depuis au moins trois ans peut réclamer la nationalité française. Il peut s'agir d'un pupille de la Nation, d'un enfant dont les parents ont été déchus du droit de garde ou de l'autorité parentale, d'un enfant dont les parents ont délégué à ce service leur autorité, ou encore lorsque cette délégation a été décidée d'office par le juge des enfants, d'un enfant remis par décision du juge des enfants dans le cadre de l'assistance éducative.

• *Enfant recueilli et élevé en France*

L'article 21-12-2° du Code civil prévoit deux situations dans lesquelles la réclamation de nationalité est possible:

- l'enfant est recueilli et élevé depuis au moins cinq ans par une personne de nationalité française. La Cour de cassation a précisé qu'il suffisait que l'enfant étranger ait été matériellement et moralement recueilli sans qu'on puisse exiger une rupture totale des liens légaux unissant l'enfant à sa famille d'origine (*Cass., 1e civ., 8 janvier 1968*). Elle a également précisé que, dans le cas où la personne qui a recueilli l'enfant n'acquiert la nationalité française que postérieurement, la déclaration ne peut être souscrite qu'après un délai de cinq ans à compter de l'acquisition de la nationalité française par le recueillant (*C. cass., avis n° 1200004 du 4 juin 2012*) ;
- l'enfant est recueilli et élevé par un organisme public ou privé, à condition qu'il ait reçu pendant cinq ans au moins une formation française.

▶▶ La déclaration en vue de réclamer la nationalité française doit impérativement être souscrite *pendant la minorité de l'enfant*. La non-souscription de la déclaration pendant cette période dans le cas de l'enfant qui n'est pas né en France et qui a été soit adopté (par la voie de l'adoption simple), soit recueilli et élevé en France ne laisse alors subsister que la possibilité de la naturalisation.

3) Le conjoint de Français

Le conjoint d'un Français ou d'une Française peut acquérir la nationalité française par déclaration sous réserve de remplir certaines conditions. Sous prétexte de décourager les mariages de complaisance, ces conditions ont été durcies à plusieurs reprises et en dernier lieu par les lois du 24 juillet 2006 et du 16 juin 2011. La circulaire du 29 décembre 2009 décrit de façon très détaillée et sous tous ses aspects la procédure d'acquisition de la nationalité française en raison du mariage : conditions de fond, documents établissant la communauté de vie, contenu de l'enquête de police, formalités, motifs d'opposition...

• *Le délai préalable*

Le délai qui doit s'écouler après la célébration du mariage avant que le conjoint étranger puisse réclamer la nationalité française est de quatre ans pour les déclarations souscrites depuis le 26 juillet 2006. Il était de deux ans antérieurement (art. 21-2 du Code civil).

Ce délai est porté à cinq ans lorsque l'étranger, au moment de la déclaration :
- soit ne justifie pas avoir résidé de manière ininterrompue et régulière pendant au moins trois ans en France à compter du mariage ; la résidence ininterrompue est établie en produisant des documents tels que : titre de séjour, contrat de bail, quittances de loyer, factures d'électricité, bulletins de salaire... ;
- soit n'est pas en mesure de produire un certificat attestant que son conjoint a été inscrit pendant quatre ans – correspondant à la durée de la communauté de vie exigée – au registre des Français établis hors de France.

Remarque. – Depuis la loi du 26 novembre 2003, le délai n'est plus supprimé dans l'hypothèse où naît, avant ou après le mariage, un enfant dont la filiation est établie à l'égard des deux conjoints.

• *Les conditions de fond*

La réclamation est subordonnée à plusieurs conditions (art. 21-2 du Code civil) :
- le conjoint français doit avoir conservé la nationalité française à la date de la déclaration ;
- la *communauté de vie affective et matérielle* entre les époux ne doit pas avoir cessé depuis le mariage ; à cet égard, les époux signent une attestation sur l'honneur, vérifiée par une enquête de l'administration qui demandera de produire des documents tels qu'avis d'imposition fiscale, copie du bail, quittances de loyer, quittances de gaz et d'électricité, justification d'un compte bancaire joint, etc. ;
- le conjoint étranger doit justifier d'une *connaissance suffisante*, selon sa condition, *de la langue française*. Les modalités d'évaluation de la connaissance du français ont été modifiées par la loi du 16 juin 2011 et précisées par le décret du 11 octobre 2011 modifié par celui du 30 août 2013

(art. 14 et 15 du décret du 30 décembre 1993). Le niveau de langue exigé, qui doit être caractérisé « par la compréhension des points essentiels du langage nécessaire à la gestion de la vie quotidienne et aux situations de la vie courante ainsi que par la capacité à émettre un discours simple et cohérent sur des sujets familiers dans ses domaines d'intérêt », n'est plus évalué, sauf dans des cas particuliers (voir ci-après), à l'occasion d'un entretien individuel avec un agent de l'administration mais doit être justifié par la production d'un diplôme ou d'une attestation délivrée soit par un organisme reconnu par l'État comme apte à assurer une formation « français langue d'intégration », soit à l'issue d'un test linguistique certifié ou reconnu au niveau international. Un arrêté ministériel en date du 11 octobre 2011 (*JO* du 12 octobre) fixe la liste des diplômes et attestations qui permettent de justifier du niveau requis. Une circulaire du 30 novembre 2011, accompagnée de longues annexes, précise les modalités d'application du dispositif ;

- si le mariage a été célébré à l'étranger, il doit avoir fait l'objet d'une *transcription* préalable sur les registres de l'état civil français. Un entretien individuel est toutefois organisé avec un agent de préfecture pour les personnes dispensées de produire un des documents énumérés ci-dessus parce qu'elles sont titulaires d'un diplôme délivré dans un pays francophone à l'issue d'études suivies en français ou parce qu'elle souffrent d'un handicap ou d'un état de santé déficient chronique ou encore parce qu'elles sont âgées d'au moins soixante ans. Il en va de même de celles qui n'ont pu produire qu'une attestation justifiant d'un niveau inférieur à celui requis (art. 14-1 et 15 du décret du 30 décembre 1993).

À ces conditions s'ajoute celle du *séjour régulier* (v. *infra*, p. 100). En revanche, il est à noter que la loi n'exige pas que le ménage ait fixé sa résidence en France. Le séjour à l'étranger n'est donc pas une condition d'irrecevabilité de la déclaration.

• *Le contrôle*

Afin d'assurer un contrôle renforcé sur la déclaration du conjoint désirant acquérir la nationalité française, les déclarations sont soumises à un régime exorbitant par rapport à celui des autres déclarations.

- Tout d'abord, la déclaration d'acquisition de la nationalité française du conjoint est enregistrée *par le ministre chargé des naturalisations*, et non par le greffier en chef du tribunal d'instance (art. 26-1 du Code civil).
- Ensuite, le délai dont dispose le ministre pour refuser d'enregistrer la déclaration n'est pas de six mois à partir de la délivrance du récépissé constatant la remise de toutes les pièces, mais de *un an* (art. 26-3 du Code civil). Il est porté à deux ans si une procédure d'opposition est engagée (voir p. 67).
- Enfin, le ministère public a encore la possibilité de contester l'enregistrement dans un délai de deux ans si les conditions légales ne sont pas remplies. En cas de mensonge ou fraude la contestation de l'enregistrement peut intervenir dans le délai de deux ans qui suit leur découverte. Le texte précise à cet égard que *la cessation de la communauté de vie entre les époux dans les douze mois* suivant l'enregistrement de la déclaration constitue une *présomption de fraude* permettant au ministère public de contester l'enregistrement de la déclaration (art. 26-4 du Code civil) (voir *Remarque*, p. 66)

• *Information des conjoints*

Les officiers de l'état civil, lorsqu'ils célèbrent un mariage où l'un des conjoints est de nationalité étrangère, sont tenus d'informer ce dernier de la faculté qui lui est offerte d'acquérir la nationalité française. En cas de transcription de l'acte d'un mariage célébré à l'étranger, la même obligation pèse sur les agents diplomatiques et consulaires et sur les officiers de l'état civil du Service central d'état civil lors de l'établissement du livret de famille (art. 5 du décret n° 98-719 du 20 août 1998).

4) La possession d'état de Français

Celui qui a la possession d'état de Français depuis *dix ans* peut réclamer la nationalité française (art. 21-13 du Code civil).

La possession d'état de Français est la situation de celui qui est considéré et traité comme français, notamment par l'autorité publique française, qui exerce en conséquence les droits mais aussi les devoirs attachés à cette qualité, et qui se considère lui-même de bonne foi, quoique à tort, comme français.

La possession d'état de Français est établie par la production de documents officiels tels que carte d'identité, carte d'électeur, pièces militaires, immatriculation consulaire, passeport faisant état de la qualité de Français. Ces pièces doivent être remises, lors de la déclaration, sous forme d'originaux.

La procédure permet de résoudre certaines situations inextricables dans lesquelles l'intéressé, quoique ayant toujours été considéré comme français, soit a été considéré comme tel par erreur, soit ne parvient pas à apporter la preuve qu'il est effectivement français.

▶▶ La possession d'état de Français doit être *de bonne foi* pour permettre l'acquisition de la nationalité : l'intéressé doit réellement croire qu'il est français. En conséquence, dès le moment où l'intéressé apprend qu'il n'est pas français, par exemple parce que la délivrance d'un certificat de nationalité lui a été refusée, il perd la possession de bonne foi. C'est pourquoi il doit souscrire au plus vite la déclaration en vue d'acquérir la nationalité française, afin que ne lui soit pas opposée l'extinction de la possession d'état. La jurisprudence parle de « *délai raisonnable* » entre la connaissance de la qualité de non-Français et la souscription de la déclaration.

▶▶ Il ne suffit pas de soutenir avoir la possession d'état devant le juge en cas de contestation de sa nationalité, il est nécessaire de faire une démarche de déclaration.

▶▶ La déclaration ne produit d'effet collectif qu'à l'égard des enfants mineurs. Les enfants devenus majeurs doivent donc eux aussi faire cette déclaration s'ils veulent se voir reconnaître la qualité de Français.

Remarque. – La possession d'état permet aussi, dans les conditions strictes prévues par l'article 30-2 du Code civil, de faire la preuve de la nationalité française par filiation (v. *infra*, p. 130) ou encore d'obtenir la délivrance d'une carte nationale d'identité (v. *infra*, p. 135).

5) Les descendants de Français installés à l'étranger

Les descendants de Français installés à l'étranger qui ont perdu la nationalité française par désuétude du fait de leur établissement à l'étranger et de la perte de la possession d'état (v. *infra*, p. 123) peuvent réclamer la nationalité française, à condition de prouver (art. 21-14 du Code civil) :

- qu'ils ont conservé ou acquis avec la France des liens manifestes d'ordre culturel, professionnel, économique ou familial ;
- ou qu'ils ont accompli des services militaires dans une unité de l'armée française ou combattu dans les armées françaises ou alliées en temps de guerre.

Les conjoints survivants des anciens combattants peuvent également réclamer la nationalité française selon cette procédure.

L'intéressé doit présenter les actes d'état civil prouvant qu'il a un ascendant français susceptible de lui avoir transmis la nationalité française par filiation et tout document administratif ou privé de nature à apporter la preuve qu'il a conservé ou acquis avec la France des liens manifestes ou effectivement accompli des services militaires dans une unité de l'armée française ou combattu dans les armées françaises ou alliées en temps de guerre.

b) La réintégration dans la nationalité française

La réintégration est un mode d'acquisition de la nationalité française réservé aux personnes qui ont perdu la nationalité française et peuvent ainsi la recouvrer. À côté de la réintégration traditionnelle par décret, qui est examinée plus loin, il existe une forme particulière de réintégration par simple déclaration.

1) La réintégration prévue à l'article 24-2 du Code civil

L'article 24-2 du Code civil permet aux personnes qui ont perdu la nationalité française de la recouvrer à la condition d'avoir perdu cette nationalité en raison soit du mariage avec un étranger, soit de l'acquisition volontaire d'une nationalité étrangère (v. *infra*, p. 114-115).

Toutes les personnes, qu'elles aient été françaises d'origine ou qu'elles aient acquis la nationalité française, peuvent être réintégrées par déclaration.

2) La réintégration prévue par la loi du 26 décembre 1964

Cette loi, qui a autorisé l'approbation de la convention de Strasbourg du 6 mai 1963 sur la réduction des cas de pluralité de nationalité, vise à limiter certaines conséquences de l'application de cette convention (que la France a désormais dénoncée et qui ne s'applique plus depuis le 5 mars 2009 : v. *infra*, p. 124).

La convention de Strasbourg jusqu'ici en vigueur prévoyait que le mineur dont les parents, ressortissants d'un État contractant, acquièrent la nationalité d'un autre État contractant perd sa nationalité d'origine. Pour permettre à cet enfant de recouvrer la nationalité française qu'il a perdue du fait du changement de nationalité de ses parents, la loi du 26 décembre 1964 lui a réservé la possibilité de se faire réintégrer dans la nationalité française par simple déclaration souscrite après sa majorité, à condition qu'il réside en France.

2. La procédure de la déclaration

La procédure de la déclaration est régie par les articles 26 à 26-5 du Code civil et par les articles 10 à 34 du décret du 30 décembre 1993 modifié. Une circulaire du ministère de la Justice du 11 juin 2010 précise les conditions dans lesquelles les déclarations sont reçues et enregistrées par les greffiers en chef (*BO Justice*, 30 juin 2010).

a) La déclaration

1) La souscription de la déclaration

La déclaration en vue de réclamer la nationalité française ou d'être réintégré dans la nationalité française est souscrite, dans le cas général, devant le greffier en chef du tribunal d'instance compétent en matière de nationalité dans le ressort duquel l'intéressé a sa résidence (le siège et le ressort des tribunaux d'instance compétents en matière de nationalité ont été fixés par décret et la liste figure dans le tableau IX annexé au Code de l'organisation judiciaire : v. *supra*, p. 22).

Remarque. – 1) Depuis le 1er juin 2009, le Pôle de la nationalité française de Paris (30, rue du Château des Rentiers, 75647 Paris Cedex 13) est seul compétent pour recevoir les déclarations des personnes résidant à Paris.
2) Un décret du 30 août 2013 et un arrêté du même jour ont prévu la mise en place, à compter du 1er septembre 2013 et pour onze départements, d'une expérimentation visant à regrouper au niveau interdépartemental la réception et l'instruction des déclarations de nationalité à raison du mariage : regroupement au niveau de la préfecture du Doubs pour les départements du Jura, de la Haute-Saône et du Territoire de Belfort ; au niveau de la préfecture de Meurthe et Moselle pour les départements de la Meuse, de la Moselle et des Vosges ; au niveau de la préfecture de l'Oise pour les départements de l'Aisne et de la Somme. Un bilan de cette expérimentation doit intervenir en octobre 2014.

La déclaration souscrite par le conjoint de Français en raison du mariage est reçue par le préfet de département. Si la déclaration est souscrite dans une collectivité d'outre-mer ou en Nouvelle-Calédonie, la déclaration est reçue par le président du tribunal de première instance ou le juge chargé de la section détachée. Si la déclaration est souscrite à l'étranger, elle est reçue par les autorités consulaires françaises.

Le déclarant *mineur* peut agir seul dès l'âge de seize ans sans être assisté ni représenté. Le mineur de moins de seize ans doit être représenté par celui ou ceux qui exercent à son égard l'autorité parentale (art. 17-3 du Code civil).

2) La constitution du dossier

La déclaration est établie en double exemplaire. Elle est signée par le déclarant et par l'autorité qui la reçoit. La déclaration doit être *accompagnée des documents* destinés à établir que le déclarant remplit bien les conditions posées par la loi pour pouvoir réclamer – ou être réintégré dans – la nationalité française.

S'agissant du conjoint d'un Français, le dossier doit comporter le diplôme ou l'attestation permettant de vérifier son niveau de connaissance de la langue française sauf dans les cas où il est dispensé de produire ce document, sa connaissance de la langue française étant alors évaluée dans le cadre d'un entretien individuel (v. *supra*, p. 57).

Depuis le 3 janvier 2011, un timbre fiscal de 55 € est exigé dans tous les cas (sauf exonération pour les personnes indigentes). Cette somme correspond au montant de la taxe perçue au profit de l'OFII (Office français d'immigration et d'intégration).

Lorsque le dossier est complet, l'autorité compétente remet au déclarant un *récépissé* daté. C'est à compter de la date portée sur ce récépissé que court le délai imparti à l'administration pour enregistrer la déclaration de nationalité : ce délai est de six mois en règle générale, mais il est porté à un an pour les déclarations souscrites par un conjoint de Français (art. 26-3 du Code civil).

3) L'instruction du dossier

L'autorité compétente complète le dossier en demandant un bulletin n° 2 du casier judiciaire du déclarant (agissant ici en qualité d'autorité administrative, elle ne peut requérir un bulletin n° 1 du casier judiciaire, qui contient le relevé intégral des condamnations et dont la communication est réservée aux autorités judiciaires) pour s'assurer que celui-ci n'a pas fait l'objet d'une des condamnations visées à l'article 21-27 du Code civil (v. *infra*, p. 99). Elle vérifie auprès du préfet l'absence d'arrêté d'expulsion ou d'interdiction du territoire ainsi que la régularité du séjour en France de l'intéressé.

Lorsque la déclaration est souscrite par un *conjoint de Français*, la préfecture procède à une enquête pouvant donner lieu à un entretien individuel, destinée à vérifier la continuité de la communauté de vie entre les époux et à permettre d'apprécier s'il y a lieu de s'opposer à l'acquisition de la nationalité française pour indignité ou défaut d'assimilation (v. ci-après, **d**). Un entretien individuel est également prévu dans certains cas pour vérifier le degré de maîtrise de la langue française (v. *supra*, p. 57). À l'étranger, cette enquête est effectuée par les consuls. Les résultats de cette enquête sont transmis, assortis d'un avis motivé, au ministre chargé des naturalisations : c'est au vu de cette enquête que le ministre pourra le cas échéant décider de faire opposition à l'acquisition de nationalité.

Remarque. – Un décret du 30 août 2013 et un arrêté du même jour ont prévu la mise en place, à compter du 1er septembre 2013, d'une expérimentation visant à faire réaliser l'entretien prévu à l'article 15 du décret du 31 décembre 1993 par une commission présidée par le préfet ou son représentant et comprenant deux personnalités désignéees par lui en raison de leur compétence. Cette expérimentation, qui donnera lieu à un rapport d'évaluation en octobre 2014, concerne la Meurthe-et-Moselle, la Meuse, la Moselle et les Vosges.

b) L'enregistrement de la déclaration

1) L'autorité compétente

Les déclarations sont enregistrées soit par *le greffier en chef du tribunal d'instance*, pour les déclarations souscrites en France, soit par *le ministre de la Justice*, pour les déclarations souscrites à l'étranger.

Toutefois, les déclarations de nationalité à raison du mariage avec un Français sont enregistrées par *le ministre chargé des naturalisations*.

2) Le délai

L'autorité qui procède à l'enregistrement dispose d'un *délai de six mois* pour refuser éventuellement l'enregistrement de la déclaration qui ne répondrait pas aux conditions légales. Ce délai est porté à *un an* lorsqu'il s'agit d'une déclaration de nationalité souscrite par un *conjoint de Français.*

3) La décision d'enregistrement

L'autorité qui procède à l'enregistrement vérifie que les conditions de recevabilité de la déclaration sont remplies : elle vérifie que le déclarant se trouve bien dans la situation prévue par la loi (ex. : naissance en France, résidence en France, adoption simple par un Français, accueil et éducation française, mariage avec un Français, possession d'état de Français, ancienne nationalité française d'origine dans le cas de la réintégration) et qu'il a donc bien la possibilité d'acquérir la nationalité française par déclaration.

- *Si la déclaration est considérée comme recevable,* elle est enregistrée ; un exemplaire est conservé par l'autorité qui procède à l'enregistrement, l'autre exemplaire étant remis à l'intéressé par l'intermédiaire du greffier en chef du tribunal d'instance. Dans le même temps, le Service central de l'état civil établit les actes de l'état civil français.
  Si le déclarant a demandé, lors du dépôt de sa déclaration, la francisation de son nom et/ou de son ou ses prénoms (v. *infra*, p. 104), l'autorité qui procède à l'enregistrement transmet la demande à la sous-direction de l'accès à la nationalité française accompagnée de la preuve de l'enregistrement de la déclaration. La sous-direction notifie directement la décision au déclarant et, en cas d'acceptation de la demande, avise le procureur de la République en vue de la transcription à l'état civil.
- *Si la déclaration est considérée comme irrecevable,* l'autorité compétente refuse l'enregistrement. Cette décision de refus doit être motivée et notifiée au déclarant avant l'expiration du délai prévu (six mois en règle générale, ou un an

pour les déclarations après mariage). Tout refus d'enregistrement notifié après ce délai est invalide (c'est bien la date de la notification qui compte, et non la date de la décision).

L'intéressé peut *contester* le refus d'enregistrement *dans un délai de six mois* à compter de la notification de la décision devant le tribunal de grande instance (art. 26-3 du Code civil) (v. *infra*, p. 141). L'action peut être exercée personnellement par le mineur dès l'âge de seize ans, sans l'autorisation de ceux qui exercent à son égard l'autorité parentale.

- *À l'issue du délai de six mois* à compter de la remise du récépissé de déclaration *ou du délai d'un an* pour les déclarations souscrites par un conjoint de Français, l'enregistrement de la déclaration est de droit et une copie doit être délivrée à l'intéressé (art. 26-4 du Code civil).

▶▶ S'il n'en est pas ainsi, l'intéressé ne doit pas hésiter à réclamer à l'autorité compétente – ministre chargé des naturalisations, greffier en chef du tribunal d'instance ou ministre de la Justice selon les cas – une copie de la déclaration revêtue de la mention de l'enregistrement. En cas de refus de la délivrer, il peut attaquer ce refus devant le tribunal administratif par la voie d'un recours pour excès de pouvoir (v. *infra*, p. 142).

4) La contestation de l'enregistrement

Le ministère public peut contester l'enregistrement devant le tribunal de grande instance, si les conditions légales ne sont pas satisfaites. Il peut aussi le contester, *en cas de fraude ou de mensonge*, dans un délai de deux ans à compter de leur découverte (art. 26-4, al. 2 et 3 du Code civil). La cessation de la communauté de vie entre les époux dans les douze mois suivant l'enregistrement constitue une présomption de fraude.

Remarque. – La présomption de fraude n'empêche pas le déclarant d'apporter par tous moyens la preuve de l'inexistence de la fraude. Par ailleurs, le Conseil constitutionnel, saisi par la voie d'une question prioritaire de constitutionnalité, a précisé que cette présomption ne peut être invoquée que lorsque l'action en contestation est engagée dans les deux années qui suivent l'enregistrement; si le ministère public découvre ultérieurement qu'il y a eu cessation de la vie commune, c'est à lui qu'il incombe de prouver l'existence d'une fraude (*Décision n° 2012-227, QPC du 30 mars 2012*).

c) L'effet de la déclaration

Une fois la déclaration enregistrée, le déclarant est réputé être devenu français *au jour de la souscription de la déclaration.*

d) L'opposition gouvernementale

L'opposition gouvernementale par décret n'est possible que dans le cadre de l'*acquisition de la nationalité par mariage.*

▶▶ Il faut bien distinguer le refus d'enregistrement, motivé par le fait que les conditions de recevabilité – absence d'empêchement à l'acquisition de la nationalité, existence de la communauté de vie, connaissance suffisante de la langue française... – ne sont pas remplies, de l'opposition, motivée par le défaut d'assimilation ou l'indignité.

1) Causes

Le gouvernement peut s'opposer à l'acquisition de la nationalité française par un conjoint de Français pour défaut d'assimilation, autre que linguistique, ou indignité.

– Le *défaut d'assimilation autre que linguistique* consiste en une mauvaise adaptation à la culture et aux mœurs françaises. Selon l'article 21-4 du Code civil, deux situations constituent nécessairement un défaut d'assimilation: la situation effective de polygamie du conjoint étranger ou sa condamnation pour avoir commis sur un mineur de quinze ans des violences ayant entraîné une mutilation ou une infirmité permanente (sur la notion d'assimilation, v. aussi *infra*, p. 80 et s.).

Aujourd'hui, le défaut d'assimilation est le plus souvent invoqué au vu de comportements liés à la pratique de l'islam: port du foulard ou du voile intégral («burqa» ou

« niqab »), propos ou mode de vie incompatibles avec les valeurs de la société française, appartenance à des organisations islamistes extrémistes qui propagent des thèses contraires aux valeurs républicaines de tolérance et de laïcité ou se signalent par un prosélytisme hostile à l'intégration (dans ce dernier cas, l'opposition est parfois motivée par l'indignité). La circulaire du 29 décembre 2009 relative à la procédure d'acquisition de la nationalité française en raison du mariage et plus encore celle du 24 août 2011 relative au contrôle de la condition d'assimilation dans les procédures d'acquisition de la nationalité française sont particulièrement prolixes sur la question.

En ce qui concerne le port du foulard, la jurisprudence est nuancée. Ainsi, n'est pas constitutif d'un défaut d'assimilation du demandeur le fait que sa femme – française – porte un foulard (*CE 23 mars 1994, Karshenas Najaf Abadi ; CE 19 novembre 1997, Ben Halima*). De même, le fait de s'affirmer comme musulmane de stricte observance et de porter le voile islamique n'est pas à lui seul de nature à révéler un défaut d'assimilation (*CE 3 février 1999, Mme El Yahyaoui*). En revanche, le port de la « burqa » ou du « niqab » qui cache intégralement le corps et le visage dénote une pratique radicale de la religion incompatible avec les valeurs essentielles de la communauté française, et notamment le principe d'égalité des sexes (*CE 27 juin 2008, Mme Mabchour*).

La circulaire du 24 août 2011 rappelle à son tour que le port du voile ou d'un vêtement traditionnel qui manifeste la volonté de respecter des préceptes religieux n'est pas suffisant pour constituer le défaut d'assimilation. Mais, poursuit-elle, l'opposition peut être envisagée s'il apparaît que cet aspect du comportement « s'inscrit dans un mode de vie nettement et objectivement incompatible avec les valeurs essentielles de la République ».

Le principe d'égalité entre les hommes et les femmes faisant partie de ces valeurs essentielles, l'adoption d'attitudes discriminatoires à l'égard des femmes, tel le refus de leur serrer la main ou l'autorité abusive du déclarant à l'égard de son épouse ou de ses filles peut également motiver une opposition. Lorsqu'un comportement de ce type est soupçonné, les circulaires préconisent d'auditionner les époux séparément puis en commun, pour évaluer le niveau éventuel de pression exercé par un des conjoints sur l'autre, et de conduire les entretiens par deux agents, l'un masculin, l'autre féminin.

– L'*indignité* résulte soit de faits délictueux ayant donné lieu à des condamnations pénales, même amnistiées (et cela, indépendamment des condamnations énumérées à l'article 21-27 du Code civil, qui font obstacle à l'acquisition de la nationalité française et donc à l'enregistrement de la déclaration: v. *infra*, p. 99), soit d'un comportement ou d'activités considérés comme répréhensibles bien que n'ayant pas donné lieu à une condamnation pénale, commis en France ou à l'étranger.

Les éléments pris en compte pour dire si le déclarant est ou non digne d'acquérir la nationalité française sont assez proches de ceux qui servent à apprécier la condition de « bonne vie et mœurs » et de loyalisme dans le cadre de la procédure de naturalisation (v. *infra*, p. 84). La circulaire du 29 décembre 2009 évoque le « loyalisme du déclarant à l'égard des institutions publiques, de l'administration fiscale et des organismes sociaux ». L'enquête doit donc permettre de vérifier l'existence ou non de condamnations pénales, d'activités ayant attiré l'attention des services de police, de manquements graves au droit fiscal, social ou du travail... La circulaire du 24 août 2011 cite également les « comportements prosélytes contraires aux valeurs républicaines », comme le militantisme actif au sein de mouvements extrémistes ou radicaux qui propagent des thèses contraires aux valeurs essentielles de la communauté française: derrière sa formulation générale, ce sont ici encore essentiellement, sinon exclusivement, les mouvements islamistes qui sont visés.

Remarque. – Ce n'est pas la condamnation pénale qui est constitutive de l'indignité, mais les faits qu'elle réprime : il en résulte qu'une condamnation sévère pour un crime passionnel peut ne pas entraîner d'opposition pour indignité, alors qu'à l'inverse des faits répétés de petite délinquance ayant donné lieu à une condamnation légère peuvent entraîner cette opposition. Le gouvernement conserve donc ici une certaine marge d'appréciation mais le juge contrôlera cette appréciation s'il est saisi par la voie d'un recours contentieux.

2) Délais

La faculté d'opposition est enfermée dans le délai de deux ans à compter de la délivrance du récépissé de déclaration ou du jour du jugement du tribunal de grande instance ordonnant l'enregistrement lorsque celui-ci avait été primitivement refusé.

3) Procédure d'opposition

Lorsque le gouvernement envisage de s'opposer à l'acquisition de la nationalité française par le conjoint de Français, le ministre chargé des naturalisations notifie les motifs de fait et de droit qui justifient l'intention de faire opposition à l'intéressé. Celui-ci doit disposer d'un délai d'au moins un mois pour produire un mémoire en défense. La notification est faite en la forme administrative ou par lettre recommandée avec demande d'avis de réception (art. 32 du décret du 30 décembre 1993 modifié).

Si le gouvernement n'a pas changé d'avis au vu des observations qui lui ont été présentées, l'opposition est prononcée par décret et notifiée à l'intéressé. Le décret d'opposition prend effet à la date de sa signature.

L'intéressé peut former un recours gracieux contre le décret d'opposition ou encore intenter dans le délai de deux mois un recours pour excès de pouvoir devant le Conseil d'État (v. *infra*, p. 143).

4) Effets

L'opposition fait obstacle à l'acquisition de la nationalité française et l'intéressé est invité, par lettre recommandée, à restituer l'exemplaire de la déclaration enregistrée qui lui avait été remis par le ministre chargé des naturalisations. Il est alors réputé n'avoir jamais acquis la nationalité française.

Si aucune opposition n'est envisagée, il est remis au déclarant une attestation de non-opposition. Celle-ci est automatiquement délivrée à l'expiration du délai prévu pour l'opposition.

3. La procédure spéciale de réintégration ouverte aux ressortissants des anciens territoires d'outre-mer

La procédure de réintégration spéciale pour les ressortissants d'anciens territoires d'outre-mer a été *supprimée à compter du 23 juillet 1993.*

Cette procédure permettait aux personnes qui ont perdu la nationalité française lors de l'accession à l'indépendance de certains territoires d'outre-mer de la République française et qui ont fixé leur domicile en France de recouvrer la nationalité française par déclaration après y avoir été autorisées (anciens articles 153, 156 et 157 du Code de la nationalité).

Les personnes concernées ne peuvent plus désormais être réintégrées dans la nationalité française qu'en demandant leur *réintégration par décret* (v. ci-dessous).

Remarque. – La procédure subsiste cependant pour les anciens membres du Parlement de la République, de l'Assemblée de l'Union française et du Conseil économique qui ont perdu la nationalité française et acquis une nationalité étrangère par l'effet d'une disposition générale (art. 32-4 du Code civil).

C. La naturalisation et la réintégration par décret

La naturalisation est l'octroi de la nationalité française par le gouvernement français. Cet octroi est *discrétionnaire* : l'étranger qui sollicite la naturalisation n'a aucun droit à devenir français.

La réintégration par décret (art. 24-1 du Code civil), qui suppose que l'intéressé a eu dans le passé la nationalité française, résulte elle aussi d'une décision gouvernementale discrétionnaire. Elle s'apparente à la naturalisation mais les conditions sont plus souples, notamment quant à l'âge (pas d'exigence de majorité) et à la résidence (pas de durée minimale de résidence en France).

1. Les conditions de la naturalisation et de la réintégration par décret

a) Les conditions de recevabilité de la demande de naturalisation

1) Âge et capacité

- En règle générale, seule une personne *majeure* peut demander à être naturalisée française (art. 21-22 du Code civil).

> *Remarque.* – Toute personne âgée de dix-huit ans peut demander sa naturalisation : peu importe que sa loi (étrangère) la répute mineure et donc incapable ; peu importe également, si le requérant est une femme, que sa loi la déclare incapable.

- La règle, toutefois, ne s'applique pas à l'*enfant mineur* qui n'a pas bénéficié de l'effet collectif de l'acquisition de la nationalité française par ses parents et qui est donc resté étranger bien que l'un de ses parents ait acquis la nationalité française (v. *infra*, p. 101) : il peut, par dérogation à la règle générale et à la condition qu'il ait résidé en France avec le parent qui est devenu français dans les cinq années précédant le dépôt de la demande, demander à être naturalisé pendant sa minorité. S'il a moins de seize ans, il doit être représenté par ses parents. S'il a plus de seize ans, ou s'il est marié, il peut agir seul, sans l'autorisation de ses parents.

2) Résidence en France

Le requérant doit, d'une part, justifier d'une résidence habituelle en France durant les cinq années qui ont précédé le dépôt de sa demande (art. 21-17 du Code civil), d'autre part résider en France au moment de la signature du décret de naturalisation (art. 21-16). La situation de séjour irrégulier fait par ailleurs obstacle à l'acquisition de la nationalité française (art. 21-27 : v. *infra*, p. 101). Des assouplissements existent toutefois tant en ce qui concerne la condition de résidence en France que la durée de la résidence antérieure en France.

I. La condition de résidence habituelle : la notion de « domicile de nationalité »

La résidence en France suppose que l'intéressé ait fixé en France, de manière *stable, effective et permanente*, le centre de ses attaches familiales et de ses intérêts matériels. Il ne suffit donc pas qu'il séjourne régulièrement en France ni qu'il y soit domicilié : il faut encore, selon la formule consacrée par la jurisprudence, qu'il y ait son « domicile de nationalité ».

La nature du titre de séjour détenu constitue un premier indice de la stabilité ou de la précarité de la résidence en France : la circulaire du 12 mai 2000 indique à cet égard qu'un titre de séjour de cinq ou dix ans apporte une « présomption forte » de résidence habituelle, tandis que la possession d'un titre de séjour d'un an est un indice de précarité. La même circulaire précise que les titulaires d'un titre précaire, tel un visa touristique ou une autorisation provisoire de séjour, ne peuvent être naturalisés. Au-delà de la nature du titre de séjour, la pratique administrative, confortée par la jurisprudence, tient compte du lieu de résidence de la famille, d'une part, du niveau, de la stabilité et de l'origine des ressources, d'autre part. Dans l'état actuel des pratiques et de la jurisprudence, on exige en général du postulant, sauf cas particuliers (v. ci-après) :

1/ qu'il ait la totalité de ses proches attaches familiales – conjoint et enfants mineurs – en France. Si le conjoint ou un des enfants mineurs ne réside pas en France, il faut que des circonstances particulières le justifient : procédure de divorce, séparation de fait, ou encore caractère temporaire de la séparation, due par exemple à des raisons de santé (*CE 8 janvier 1997, M. Rahoua*), à des raisons professionnelles ou – moins sûrement car la jurisprudence est fluctuante – à un refus de visa ou de regroupement familial.

> *Remarques.* – 1) Si le fait que le conjoint s'associe à la demande est un élément favorable selon la circulaire DPM n° 2000-54 du 12 mai 2000[1], l'administration ne peut pas opposer au demandeur l'absence de demande de la part du conjoint (*CAA Nantes, 27 février 1998, Ministre de l'Aménagement du territoire, de la Ville et de l'Intégration c/M. Lubelo Wa*).
> 2) La présence irrégulière en France du conjoint ne constitue pas un motif d'irrecevabilité dès lors que le demandeur a toutes ses attaches familiales en France ou que son conjoint a sollicité sa régularisation (*CAA Nantes, 30 avril 1998, ministre de l'Aménagement du territoire, de la Ville et de l'Intégration c/ Mme Allouche*). Elle peut en revanche entraîner un rejet ou un ajournement de la demande en opportunité. Par ailleurs, le fait d'avoir hébergé son conjoint en situation irrégulière a été fréquemment invoqué dans les années récentes pour justifier un ajournement (v. *infra* p. 88).

La circulaire du 12 mai 2000 précitée rappelle que le fait d'être uni par un Pacs avec un ressortissant français « constitue un indice d'installation durable de l'intéressé en France ».

1. Cette circulaire ne figure pas sur le site dédié <http://circulaire.legifrance.gouv.fr> (voir *Remarque*, p. 24), mais elle n'a jamais été explicitement abrogée.

2/ *qu'il dispose de revenus personnels et stables lui permettant de subvenir à ses besoins et que la source de ces revenus ou de la majeure partie d'entre eux soit localisée en France.* La prise en charge par un tiers est toutefois admise dans certains cas: par le conjoint ou le partenaire avec lequel le demandeur a conclu un Pacs, par les enfants pour une personne âgée, par les parents pour les étudiants.

Ces conditions rigoureuses, qui équivalent à faire de l'insertion professionnelle une condition de recevabilité de la demande, conduisent, dans un contexte de précarisation de l'emploi, à considérer comme irrecevables – ou à rejeter ou ajourner en opportunité (v. p. 86) – bon nombre de demandes émanant de personnes dont l'intégration en France ne fait pourtant aucun doute. La circulaire du 12 mai 2000 avait donc prévu certains assouplissements. Tout en rappelant que l'autonomie matérielle reste un critère important, elle indiquait qu'« une insertion professionnelle incomplète peut être compensée par une bonne intégration dans la vie sociale ».

Peu appliqués en pratique, la plupart de ces assouplissements ont été repris par la circulaire du 16 octobre 2012 qui souligne que la condition d'insertion ne saurait conduire à écarter systématiquement de la naturalisation « des personnes victimes d'une situation de l'emploi difficile, d'une période de non-emploi ou d'un défaut de formation préalable ». L'appréciation doit porter sur l'ensemble de la carrière professionnelle, « et non pas sur la situation précise du postulant au seul moment de la demande ». En outre, elle rappelle que la nature du contrat (CDD, intérim) ne « doit pas constituer un obstacle en soi, dès lors que l'activité réalisée permet de disposer de ressources suffisantes et stables ». Ces consignes ont été réitérées par une circulaire du 21 juin 2013: tout en rappelant que la stabilité des ressources « constitue un facteur autant qu'une preuve d'intégration », elle demande « de ne pas faire des périodes de chômage ni de la succession de contrats précaires des éléments systématiquement défavorables » mais de s'assurer de « la persévérance manifestée par le postulant pour s'insérer professionnellement et disposer de revenus autonomes ». Malgré ces assouplissements, la circulaire du 16 octobre 2012 reste sévère s'agissant des « personnes qui rencontrent des difficultés pour conserver une activité », en cas de « recours récurrent aux systèmes d'assistance » ou de « longues ou fréquentes périodes d'inactivité ». Ces éléments peuvent révéler un « défaut réel d'intégration » conduisant à considérer que le postulant ne répond pas à la condition d'assimilation et donc à un rejet ou un ajournement de sa demande.

S'agissant des jeunes de moins de vingt-cinq ans, une circulaire du 17 octobre 2000 avait allégé et facilité la procédure de naturalisation pour ceux d'entre eux qui étaient entrés en France avant l'âge de six ans, l'absence d'insertion professionnelle étant compensée ici par la scolarisation. Ces dispositions favorables ont été abrogées en 2003. La circulaire du 16 octobre 2012 les reprend en partie en demandant de réserver un « examen attentif » aux demandes de ces jeunes qui bénéficient d'une « forte présomption d'assimilation à la communauté française » dès lors qu'ils résident depuis plus de dix ans en France et y ont été scolarisés de manière continue pendant au moins cinq ans. La circulaire réserve toutefois l'hypothèse où ils auraient commis « de graves écarts de conduite » témoignant d'une insertion insuffisante.

Cas particulier des étudiants

Compte tenu de l'interprétation donnée de la condition de résidence habituelle en France, l'administration considère *a priori* qu'un étranger qui séjourne en France en tant d'étudiant n'a pas en France son « domicile de nationalité » : d'une part, en effet, il est censé regagner son pays à la fin de ses études, d'autre part, ses ressources sont en général précaires ou proviennent de son pays d'origine (subsides versés par la famille demeurée au pays).

Mais la circonstance que l'intéressé poursuit des études supérieures ne peut pas, à elle seule, entraîner l'irrecevabilité de la demande. En effet, la qualité d'étudiant n'est plus un obstacle s'il ressort des circonstances de l'espèce que le candidat à la naturalisation a l'intention de se fixer définitivement en France. C'est le cas par exemple :

- lorsque l'intéressé exerce une activité salariée qui a un caractère stable et qui lui procure des ressources lui permettant de subvenir à ses besoins (*CE 11 juillet 1986, Mlle Gamska ; CE 23 décembre 1988, M. Dorkenoo Koffi Loko ; CE 14 octobre 1987, ministre des Affaires sociales c/ M. et Mme Shabander*) ;
- lorsque l'étudiant, qui exerce une activité professionnelle en France, est de plus propriétaire de son logement en France (*CE 10 décembre 1993, M. Kanni ; CE 25 mai 1994, M. Ozgul*) ;
- lorsque l'intéressé a, en plus d'une activité professionnelle, même précaire, d'importantes attaches familiales en France, par exemple un enfant né en France (*CE 11 juillet 1986, époux Prayag*).

Dans les faits, les étudiants ont néanmoins été systématiquement exclus ces dernières années de la naturalisation, quels que soient leur parcours et leur intégration professionnelle.

La circulaire du 16 octobre 2012 clarifie la situation en tirant les conséquences de la jurisprudence citée plus haut. Elle rappelle que la détention d'un titre de séjour « étudiant » ne doit plus conduire automatiquement à une décision défavorable, même si elle ajoute que le postulant doit néanmoins justifier d'une « insertion professionnelle avérée ». Elle recommande d'« apprécier avec discernement » certaines situations, en particulier celles des candidats présentant un « potentiel élevé » : jeunes diplômés qui obtiennent un CDI immédiatement après la fin de leurs études, élèves des grandes écoles, doctorants et attachés temporaires d'enseignement et de recherche (ATER) – alors que ces derniers se voyaient jusque-là refuser la naturalisation au motif qu'ils étaient titulaires exclusivement de CDD. Ces directives sont reprises dans la circulaire du 21 juin 2013 qui préconise d'examiner « avec ouverture » les demandes émanant de postulants « qui présentent un potentiel manifeste d'employabilité, soit parce que jeunes diplômés ou étudiants de filières d'excellence reconnues, soit parce qu'étudiant ou exerçant dans une spécialité présentant une utilité économique ou scientifique » pour la France.

Enfin, il faut mettre à part l'hypothèse où l'étudiant n'est pas venu en France uniquement pour faire des études mais dont la famille y réside durablement. Dans ce cas, la circulaire précitée du 12 mai 2000 indique que les étudiants pris en charge par leur famille résidant en France peuvent être considérés comme répondant à la condition de résidence habituelle. Cette précision n'est toutefois reprise dans aucune circulaire récente.

II. La durée de résidence : la condition de « stage »

Le candidat à la naturalisation doit justifier d'une résidence habituelle en France pendant les *cinq années* qui ont précédé le dépôt de sa demande. Cette résidence prolongée et ininterrompue – sous réserve de brèves absences du territoire français, notamment à l'occasion de voyages pour les vacances – est appelée « *stage* ». Les textes prévoient toutefois des cas de réduction de la période de stage et des cas de dispense de stage.

Remarque. – La portée de ces réductions et dispenses doit être relativisée. Comme le rappelle en effet la circulaire du 12 mai 2000, un délai d'observation est souvent imposé aux candidats arrivés très récemment en France, pour s'assurer de leur volonté réelle de s'y établir. Si leur demande est recevable, elle risque donc d'être néanmoins ajournée au stade de l'examen en opportunité.

• *Réduction de la durée du stage*

L'article 21-18 du Code civil réduit à deux ans la durée du stage dans les cas suivants :

- le candidat a accompli avec succès deux années d'études supérieures en vue d'acquérir un diplôme délivré par une université ou un établissement d'enseignement supérieur français;
- le candidat a rendu ou peut rendre par ses capacités et ses talents des services importants à la France;
- l'étranger présente un parcours exceptionnel d'intégration, apprécié au regard des activités menées ou des actions accomplies dans des domaines civique, scientifique, culturel ou sportif.

• *Dispense de stage*

L'article 21-19 du Code civil dispense de stage les personnes suivantes:

- l'étranger qui a effectivement accompli des services militaires dans une unité de l'armée française ou qui a contracté, en temps de guerre, un engagement dans les armées françaises ou alliées;

Remarque. – La loi du 29 décembre 1999 permet à un étranger engagé dans les armées françaises – en pratique dans la Légion étrangère – et blessé en mission, d'acquérir la nationalité française par décret, sur proposition du ministre de la Défense, sans condition de stage ni d'assimilation (art. 21-14-1 du Code civil).

- l'étranger qui a rendu des services exceptionnels (et pas seulement «importants», ce qui justifie une réduction du stage: v. *supra*) à la France ou celui dont la naturalisation présente pour la France un intérêt exceptionnel (cas des artistes, des intellectuels, des sportifs de haut niveau...);
- l'étranger qui a obtenu le statut de réfugié.

L'article 21-20 du Code civil prévoit également que peut être naturalisée sans condition de stage la personne qui appartient à l'*entité culturelle et linguistique française*, lorsqu'elle est ressortissante des territoires ou États dont la langue officielle ou l'une des langues officielles est le français. Il faut encore que le français soit sa langue maternelle ou qu'elle justifie d'une scolarisation minimale de cinq années dans un établissement enseignant en langue française. (La liste des vingt-huit États ou territoires dont le français est la ou l'une des langues officielles est donnée dans la circulaire du 10 octobre 2006.)

Peut également être naturalisé tout étranger francophone qui en fait la demande et « qui contribue par son action émérite au rayonnement de la France et à la prospérité de ses relations économiques internationales » (art. 21-21). La dispense de stage n'est pas expressement prévue dans ce cas, mais elle semble logique.

III. Résidence en France au jour de la signature du décret

Le texte n'exige pas que l'intéressé se trouve effectivement en France le jour précis où le décret est signé mais qu'il y ait sa résidence, ce qui est compatible avec une absence momentanée du territoire français.

IV. Résidences assimilées à la résidence en France

L'article 21-26 du Code civil complété par l'article 65 du décret du 30 décembre 1993 assimile à la résidence en France les séjours à l'étranger dans les hypothèses suivantes :

- l'exercice hors de France d'une activité professionnelle pour le compte de l'État français ou d'un organisme dont l'activité présente un intérêt particulier pour l'économie ou la culture française, quel que soit le niveau des fonctions exercées. La règle s'applique même si l'intéressé est originaire de l'État étranger dans lequel il réside et où il exerce son activité (*CE 29 novembre 1989, Mme Lamusse*) ;
- le séjour dans la principauté de Monaco ;
- la présence hors de France dans une formation de l'armée française ou au titre des obligations du service national, ou en qualité de volontaire du service national.

3) Assimilation

L'assimilation est définie par l'article 21-24 du Code civil comme « *une assimilation à la communauté française* » supposant notamment « *une connaissance suffisante, selon sa condition, de la langue, de l'histoire, de la culture et de la société françaises et des droits et devoirs conférés par la nationalité française*», ainsi que «*l'adhésion aux principes et aux valeurs essentiels de la République*».

La condition d'assimilation est notamment vérifiée lors d'un entretien individuel du candidat avec un agent de la préfecture ou du consulat qui établit un procès-verbal d'assimilation et lors de l'enquête de police prévue pour vérifier la conduite et le loyalisme de l'intéressé (v. *infra*, p. 84).

À l'issue du contrôle de son assimilation, le postulant signe la charte des droits et devoirs du citoyen français qui rappelle les principes, valeurs et symboles essentiels de la République française (art. 21-24 du Code civil. Cette charte est annexée au décret n° 2012-127 du 30 janvier 2012). Le refus de la signer est un motif d'irrecevabilité de la demande pour défaut d'assimilation (circ. du 16 octobre 2012).

> *Remarque*. – Les entretiens d'assimilation se déroulent souvent dans des conditions déstabilisantes pour les postulants, sous la forme d'un «interrogatoire» dont l'objectif est en réalité de rechercher des éléments qui vont permettre de rejeter la demande en opportunité (voir *infra*, **c**).

1/ Le demandeur doit justifier d'une *connaissance de la langue française* «caractérisée par la compréhension des points essentiels du langage nécessaire à la gestion de la vie quotidienne et aux situations de la vie courante ainsi que par la capacité à émettre un discours simple et cohérent sur des sujets familiers dans ses domaines d'intérêt». À cette fin, il doit produire un diplôme ou une attestation délivrée soit par un organisme reconnu par l'Etat comme apte à assurer une formation «français langue d'intégration», soit à l'issue d'un test linguistique certifié ou reconnu au niveau international. La liste de ces diplômes et attestations est fixée par arrêté ministériel (arrêté du 11 octobre 2011 : *JO* du 12 octobre).

La condition d'assimilation linguistique n'est pas exigée des réfugiés et apatrides qui résident en France depuis plus de quinze ans et sont âgés de plus de soixante-dix ans (art. 21-24-1).

Elle est vérifiée lors de l'entretien individuel pour les personnes dispensées de produire un des documents énumérés ci-dessus, soit parce qu'elles sont titulaires d'un diplôme délivré dans un pays francophone à l'issue d'études suivies en français, soit parce qu'elle souffrent d'un handicap ou d'un état de santé déficient chronique ou sont âgées de plus de soixante ans. Il en va de même de celles qui n'ont pu produire qu'une attestation justifiant d'un niveau inférieur à celui requis (art. 41 du décret du 30 décembre 1993).

Une circulaire du 30 novembre 2011, accompagnée de longues annexes, précise les modalités d'application du dispositif. Elle indique notamment que, même lorsque la personne a produit un diplôme ou une attestation, l'agent doit néanmoins s'assurer, au cours de l'entretien, que le document produit atteste du niveau de connaissance suffisant de la langue afin de détecter une fraude éventuelle.

2/ L'assimilation suppose aussi que le demandeur témoigne de son *adhésion aux valeurs essentielles de la société française*. Ainsi, la *polygamie* traduit un défaut d'assimilation aux mœurs françaises qui fait obstacle à la naturalisation. Toutefois, seule la *polygamie effective* constitue un défaut d'assimilation et non le fait d'être marié sous un régime polygamique dès lors que le demandeur n'a qu'un seul conjoint (*CE, 11 février 1994, Webina Orombia, Kanouté*).

La circulaire du 27 juillet 2010 définit l'assimilation comme impliquant « une participation aux activités de la société française et l'adhésion tant à ses règles de fonctionnement qu'à ses valeurs de tolérance, de laïcité, de liberté et d'égalité ». Elle en déduit que peuvent justifier une décision d'irrecevabilité « les éléments révélateurs d'une attitude intolérante ou discriminatoire fondée notamment sur des critères de sexe, de race, de religion ou de nationalité » ou « un mode de vie non conforme aux us et coutumes (ex. : confinement au foyer, limitation des relations sociales avec des personnes de l'autre sexe) ». Ces mêmes éléments sont rappelés par la circulaire du 24 août 2011 qui y ajoute « l'appartenance à des mouvements radicaux prônant l'action violente ».

3/ De même que pour l'acquisition de la nationalité française par déclaration (v. *supra*, p. 67), certains *comportements liés à la pratique de l'islam* ou supposés tels, ou encore l'appartenance à des mouvements religieux fondamentalistes musulmans dont les thèses sont incompatibles avec les valeurs républicaines, sont considérés comme traduisant un défaut d'assimilation. Une pratique radicale de la religion, un mode de vie non conforme aux us et coutumes (confinement au foyer, limitation des relations sociales avec des personnes de l'autre sexe) peuvent fonder une décision d'irrecevabilité.

Si le port du foulard ne peut à lui seul motiver l'irrecevabilité d'une demande, ce n'est pas un élément neutre. Ainsi, s'agissant des postulantes de confession musulmane qui portent le foulard, la circulaire du 12 mai 2000 recommandait d'indiquer s'il s'agissait du foulard traditionnel ou du « hidjab qui couvre entièrement la tête et le cou et qui à l'instar du tchador est un signe d'appartenance à un islam fondamentaliste », et d'interroger les femmes sur la signification qu'elles y attachent. La circulaire du 24 août 2011 relative au contrôle de la condition d'assimilation dans les procédures d'acquisition de la nationalité française évoque longuement ces questions à propos de l'acquisition par mariage, (v. *supra*, p. 67-68) mais les directives qu'elle donne valent *a fortiori* dans le cadre de la procédure de naturalisation où le pouvoir d'appréciation de l'administration est plus large : ainsi, le port du voile n'est pas suffisant pour constituer le défaut d'assimilation, mais à condition que cet aspect du comportement ne s'inscrive pas « dans un mode de vie nettement et objectivement incompatible avec les valeurs essentielles de la République ».

Dans ces hypothèses, toutefois, c'est souvent au stade de l'appréciation en opportunité et non de la recevabilité que la demande est rejetée ou ajournée.

4/ Le demandeur doit justifier d'un niveau de *connaissance de l'histoire, de la culture et de la société françaises* correspondant aux éléments fondamentaux relatifs aux grands repères de l'histoire de France, aux principes, symboles et institutions de la République, à l'exercice de la citoyenneté française, à la place de la France dans l'Europe et dans le monde. Un « livret du citoyen » illustrant les domaines et le niveau des connaissances attendues est disponible en ligne ou remis à toute personne ayant déposé une demande de naturalisation (article 37, 2° du décret du 31 décembre 1993).

L'évaluation est réalisée à l'occasion de l'entretien individuel. L'objectif, selon la circulaire du 16 octobre 2012, est de « s'assurer [que le postulant] maîtrise les références de base qui fondent l'exercice de la citoyenneté ». Lors de l'entretien, poursuit-elle, l'agent de la préfecture pose des questions « qui devront s'intégrer dans le cours normal de la conversation, afin d'éviter que ses interventions prennent le caractère artificiel d'un questionnaire ». L'évaluation doit tenir compte du niveau du postulant. Si celui-ci a effectué des études universitaires, « il est normal d'attendre un degré de connaissance en rapport avec le niveau des enseignements dispensés ». La circulaire ajoute qu'« en aucun cas, la décision de rejet ou d'ajournement ne peut être motivée par le constat que le postulant n'a pas répondu de façon exacte à une ou plusieurs des questions ». On voit pourtant souvent des refus ou des ajournements motivés par le fait que la personne n'a pas su donner une définition acceptable de termes comme « démocratie » ou « laïcité ».

4) Moralité et loyalisme

Le candidat doit être *« de bonnes vie et mœurs »* (art. 21-23 du Code civil). La vérification de cette condition donne lieu à une enquête des services de police ou de gendarmerie sur *« la conduite et le loyalisme »* de l'intéressé, qui peut être complétée par la consultation des organismes consulaires et sociaux (art. 36 du décret du 30 décembre 1993). Il s'agit de vérifier que l'intéressé n'a pas troublé l'ordre public et qu'il a un « comportement civique et loyal » à l'égard des institutions. L'administration peut également, pour apprécier cette condition, se référer aux condamnations figurant au bulletin n° 2 du casier judiciaire de l'intéressé (au-delà de celles qui sont mentionnées à l'article 21-27 et qui constituent par elles-mêmes un empêchement à la naturalisation : v. *infra*, p. 99). Mais des comportements peuvent être pris en considération même s'ils n'ont pas donné lieu à une condamnation pénale. Il en va de même si la condamnation a été amnistiée ou effacée par la réhabilitation. Les condamnations pénales prononcées à l'étranger peuvent également être prises en considération : le postulant doit donc produire un extrait de casier judiciaire ou un document équivalent délivré par les autorités du ou des pays dans lesquels il a résidé au cours des dix dernières années ou, à défaut, du pays dont il a la nationalité.

Remarque. – Si le défaut de moralité résulte en général de l'accomplissement de faits ayant donné lieu à des sanctions pénales, en sens inverse toute infraction pénale n'est pas par elle-même constitutive d'un défaut de moralité : cela dépend de la nature de l'infraction commise (ainsi, le proxénétisme ou la tentative de corruption de fonctionnaire caractérisent le défaut de moralité, mais non par exemple un crime passionnel).

La circulaire du 27 juillet 2010 donne comme exemples de comportements susceptibles de caractériser un défaut de bonne vie et mœurs : des troubles à l'ordre public, la méconnaissance de ses obligations légales, civiles ou fiscales, un comportement violent ou dangereux, la détention d'arme non autorisée… S'il est admis en jurisprudence que le fait de se soustraire de façon grave ou répétée à ses obligations fiscales caractérise le défaut de loyalisme, on constate dans la pratique que de simples retards dans l'acquittement de ses impôts ou des erreurs commises de bonne foi et portant sur des sommes de très faible montant peuvent déboucher sur une décision d'ajournement ou de refus. On peut espérer que la circulaire du 21 juin 2013, si elle est respectée par les préfectures, vienne limiter ces excès à l'avenir : le ministre demande en effet, dans un souci de proportionnalité, de tenir compte de la gravité et de l'ancienneté des faits reprochés et de vérifier, en cas de manquements mineurs, isolés ou anciens, par exemple dans le paiement des impôts, s'ils relèvent d'une erreur ou d'une défaillance ponctuelles ou s'ils sont symptomatiques d'un comportement répété justifiant le rejet de la demande.

b) Les conditions de recevabilité de la demande de réintégration

Les conditions de résidence en France lors de la signature du décret, d'assimilation et de moralité sont les mêmes qu'en matière de naturalisation.

Mais la réintégration n'est subordonnée à aucune condition de stage ni d'âge (art. 24-1 du Code civil). Elle peut donc être demandée par le mineur qui sera représenté par le titulaire de l'autorité parentale, s'il a moins de seize ans, et pourra agir seul, sans autorisation, s'il a plus de seize ans.

La réintégration supposant la possession antérieure de la nationalité française, le candidat doit établir qu'il a possédé la nationalité française dans le passé. Cette hypothèse concerne essentiellement les personnes nées avant l'indépendance dans des pays ou territoires sur lesquels la France exerçait sa souveraineté (la liste de ces pays et territoires figure à l'annexe II de la circulaire du 10 octobre 2006 : v. aussi p. 195-196).

c) L'appréciation de la demande en opportunité

La recevabilité de la demande n'est qu'un premier stade. Il appartient ensuite à l'autorité publique d'apprécier l'opportunité de la demande de naturalisation ou de réintégration, et cette appréciation revêt un caractère discrétionnaire. Les principaux obstacles à la naturalisation interviennent au stade de la recevabilité, compte tenu de l'interprétation stricte donnée de la condition de résidence habituelle, et de l'interprétation au contraire extensive donnée de la condition de moralité et de loyalisme.

Mais il est possible et relativement fréquent de voir rejeter ou ajourner en opportunité une demande qui a passé le cap de la recevabilité sur la base d'éléments du dossier déjà examinés au stade de la recevabilité : ressources, attaches familiales, assimilation, moralité... Ainsi, le défaut d'assimilation ou la précarité des revenus peuvent n'être pas suffisamment caractérisés pour motiver l'irrecevabilité de la demande mais conduire néanmoins à prendre une décision d'ajournement en attendant que l'intéressé ait amélioré sa connaissance du français ou stabilisé son insertion professionnelle. Une décision de rejet ou d'ajournement peut aussi être motivée par un comportement de l'intéressé qui traduit une assimilation insuffisante ou un défaut de loyalisme : appartenance à des organisations ayant recours à la violence ou prônant des thèses contraires aux valeurs de la société française, défaut d'acquittement des obligations fiscales, usage de faux documents, doute que les liens conservés avec le pays d'origine font peser sur le loyalisme envers la France, etc.

Dans le cadre de son pouvoir d'appréciation de l'intérêt que présente la naturalisation du demandeur, l'administration peut se fonder sur des considérations tirées de la profession de l'intéressé et, notamment, sur des données relatives à la démographie médicale (*CE 20 mai 1996, ministre des Affaires sociales c/ Machnouk; CE 9 septembre 1996, ministre des Affaires sociales, de la Santé et de la Ville c/ M. Buton*). La circulaire du 27 avril 1995, aujourd'hui abrogée, indiquait que « les demandes d'étrangers qui veulent accéder à des professions réservées aux nationaux peuvent être refusées lorsque ces professions sont soumises à un *numerus clausus* ». Mais le gouvernement s'est par la suite engagé à ne plus opposer de refus aux médecins étrangers demandant leur naturalisation : la circulaire du 16 octobre 2012 indique que leur insertion professionnelle doit être appréciée dans les conditions de droit commun.

L'administration peut par ailleurs prendre en compte l'état de santé du demandeur pour apprécier le bien-fondé d'une naturalisation ou d'une réintégration. C'est pourquoi il peut être éventuellement demandé au postulant, après la transmission du dossier à l'autorité investie du pouvoir de décision, de subir un examen médical (v. *infra*, p. 93). La décision ne peut toutefois se fonder sur le fait que la personne handicapée serait une charge pour la collectivité (*CAA Nantes, 23 juillet 1998, M. Amessis*). Elle ne peut pas non plus se fonder exclusivement sur l'existence d'une maladie ou d'un handicap, sans rechercher si l'état de santé de l'étranger constitue un obstacle à son intégration dans la société française, notamment par le biais de l'exercice d'une activité professionnelle (*CE 26 septembre 2001, ministre de l'Emploi et de la Solidarité c/ Mme Richard*).

Il faut enfin mentionner la multiplication des décisions – confirmées par le juge – ajournant la naturalisation lorsque le conjoint a été en situation irrégulière, au motif que le demandeur a aidé son conjoint à séjourner irrégulièrement sur le territoire français – et ceci alors même que l'aide apportée par le conjoint n'est pas réprimée pénalement. Le fait que le conjoint ait été dans l'intervalle régularisé est sans incidence sur la légalité de la décision de rejet ou d'ajournement (*CAA Nantes, 3 mars 2006, Bedjaoui ; 29 décembre 2006, Lokpol ; 29 décembre 2006, Ressous*). La circulaire du 21 juin 2013 devrait en principe mettre un terme à ces pratiques abusives car elle demande de ne plus tenir compte de l'aide apportée à des membres de la proche famille, qui entre dans les cas d'exonération du délit d'aide au séjour irrégulier prévus par le CESEDA.

L'ajournement est aussi souvent prononcé quand le demandeur a lui-même été en situation irrégulière en France, même si cela remonte à une période ancienne (*CAA Nantes, 29 décembre 2006, Zemmahi*). La circulaire du 16 octobre 2012 précise toutefois que « les périodes passées en séjour irrégulier ne doivent désormais plus figurer au nombre des critères conduisant à refuser *systématiquement* [souligné par nous] la naturalisation ».

2. La procédure de naturalisation ou de réintégration par décret

a) Le dépôt de la demande

1) Lieu et modalités du dépôt

La demande est déposée à la préfecture du lieu de la résidence effective du demandeur (à Paris, à la préfecture de police). Si le demandeur réside dans une collectivité d'outre-mer ou en Nouvelle-Calédonie, la demande est déposée auprès de l'autorité administrative de sa circonscription. S'il réside à l'étranger, la demande est reçue par l'autorité consulaire française (art. 35 du décret du 30 décembre 1993 modifié). S'il est sous les drapeaux, il dépose sa requête auprès de l'autorité militaire qui la transmet dans les huit jours, accompagnée de son avis, à l'autorité administrative de la résidence habituelle (art. 46).

Remarques. – 1) Certaines préfectures – comme la préfecture de police de Paris – recourent systématiquement à la voie postale, que ce soit pour déposer le dossier ou pour réclamer les documents éventuellement manquants. Les intéressés ne viennent plus à la préfecture que pour l'entretien d'assimilation. Les circulaires du 22 août 2007 et du 30 décembre 2008 déconseillent pourtant la procédure postale et recommandent un accueil personnalisé du postulant, l'expérience montrant que les explications données lors du premier entretien sur la procédure d'instruction du dossier et sur la façon de le constituer permettent de réduire les délais de constitution d'un dossier complet en évitant de nombreux courriers. Le formulaire et la liste des pièces sont téléchargeables sur Internet.
2) Un décret du 30 août 2013 et un arrêté du même jour ont prévu la mise en place, à compter du 1er septembre 2013 et pour onze départements, d'une expérimentation visant à regrouper au niveau interdépartemental la réception et l'instruction des demandes de naturalisation et de réintégration: regroupement au niveau de la préfecture du Doubs pour les

départements du Jura, de la Haute-Saône et du Territoire de Belfort ; au niveau de la préfecture de Meurthe et Moselle pour les départements de la Meuse, de la Moselle et des Vosges ; au niveau de la préfecture de l'Oise pour les départements de l'Aisne et de la Somme. Un bilan de cette expérimentation doit intervenir en octobre 2014.

2) Les pièces à fournir

La demande – qui prend la forme d'un dossier à remplir – est accompagnée des pièces suivantes (art. 37-1 et 38 du décret du 30 décembre 1993) :

- une copie intégrale de l'acte de naissance. Si le postulant est dans l'incapacité de produire un acte de naissance ou de mariage probant, la circulaire du 12 mai 2000 précise qu'il peut produire un jugement supplétif d'acte d'état civil qu'il faut demander au tribunal de grande instance du domicile. Pour les réfugiés les actes d'état civil doivent être réclamés à l'OFPRA ;
- tous documents établissant la résidence habituelle en France pendant cinq ans, ou toute justification établissant que les conditions pour bénéficier d'une réduction ou d'une dispense de stage sont remplies ;
- lorsque la demande est présentée au nom d'un mineur, la justification de la résidence habituelle de ce dernier pendant les cinq années qui précèdent le dépôt de la demande avec le parent qui a acquis la nationalité française ;
- tous documents justifiant que le demandeur a sa résidence en France au moment de la demande ou qu'il remplit les conditions pour bénéficier d'une assimilation de résidence ;
- un diplôme ou une attestation justifiant du niveau de langue exigé – sauf dans les cas de dispense, la connaissance du français étant alors évaluée dans le cadre de l'entretien individuel (voir *supra*, p. 82) ;
- le cas échéant, la copie intégrale des actes de naissance de ses enfants mineurs étrangers qui résident avec lui de

manière habituelle ou alternativement en cas de séparation ou de divorce, ainsi que les pièces de nature à établir cette résidence ;

- le cas échéant, la copie intégrale du ou des actes de mariage ainsi que les pièces de nature à justifier la dissolution des unions antérieures ;
- le cas échéant, tout document justifiant de la nationalité française du ou des enfants mineurs qui résident avec lui de manière habituelle ou alternativement dans le cas de séparation ou de divorce ;
- un extrait de casier judiciaire ou un document équivalent délivré par les autorités des pays où l'intéressé a résidé au cours des dix dernières années, ou à défaut par les autorités de son pays d'origine.

Tous les documents rédigés en langue étrangère doivent être accompagnés de leur traduction par un traducteur agréé, produite en original. Dans le cas d'une réintégration, l'intéressé doit aussi fournir les pièces établissant qu'il a eu la qualité de Français.

Lorsque l'intégralité des pièces a été produite, l'autorité auprès de laquelle la demande a été déposée délivre un *récépissé*.

À compter de la délivrance de ce récépissé, l'autorité préfectorale ou consulaire dispose d'un délai de six mois pour instruire le dossier (art. 46 du décret du 30 décembre 1993). C'est aussi la délivrance du récépissé qui fait courir le délai de *dix-huit mois* (réduit à *douze* mois lorsque le demandeur réside en France depuis plus de dix ans), à l'issue duquel la décision doit intervenir (art. 21-25-1 du Code civil) (v. *infra* p. 95).

Le demandeur doit signaler à l'autorité préfectorale tout changement de résidence et toute modification intervenue dans sa situation familiale (art. 37 du décret du 30 décembre 1993 modifié). Le fait de ne pas signaler un changement familial, par exemple un mariage intervenu pendant la procédure d'instruction de la demande, sera considéré comme une fraude et pourra aboutir au retrait du décret de naturalisation (v. *infra* p. 121).

Depuis le 3 janvier 2011, un timbre fiscal de 55 € est exigé (sauf exonération pour les personnes indigentes). Cette somme correspond au montant de la taxe perçue au profit de l'OFII (Office français d'immigration et d'intégration). Elle n'est pas remboursée si la demande n'aboutit pas.

3) Classement sans suite

À partir du dépôt de la demande, le postulant dispose d'un *délai de six mois* pour fournir la totalité des pièces nécessaires, faute de quoi sa demande peut être classée sans suite. Il doit en être avisé par écrit au moment où il dépose sa demande (art. 35 du décret du 30 décembre 1993).

Par ailleurs, l'administration peut également procéder au classement sans suite de la demande lorsque l'intéressé n'a pas accompli les formalités exigées (présentation à l'entretien individuel, réponse aux convocations des services de police) ou n'a pas fourni les pièces complémentaires qu'on lui a réclamées. Dans ce cas, elle doit mettre l'intéressé en demeure de produire les pièces complémentaires ou d'accomplir les formalités prévues dans un certain délai, en l'avertissant que s'il ne défère pas à cette injonction, sa demande pourra être classée sans suite (art. 40 du même décret).

Le classement sans suite n'empêche pas de refaire ultérieurement une demande, mais il faut alors recommencer entièrement la procédure.

b) La phase préfectorale (ou consulaire) de constitution du dossier

Remarque. – Lorsque le demandeur réside en France – donc dans la très grande majorité des cas –, c'est aux services préfectoraux qu'il revient de compléter et d'instruire le dossier. Dans les développements qui suivent, par souci de simplification, on ne fera donc mention que de la préfecture, sachant que, lorsque le demandeur réside à l'étranger, c'est aux services consulaires qu'incombent les tâches normalement dévolues aux préfectures.

La préfecture complète le dossier en procédant à différentes enquêtes et investigations et notamment :

- une enquête de police portant sur « *la conduite et le loyalisme du postulant* », qui peut être complétée par une consultation des organismes consulaires ou sociaux (art. 36 du décret du 30 décembre 1993) ;
- un entretien individuel visant à constater le degré d'assimilation du postulant à la communauté française ainsi que, selon sa condition, son niveau de connaissance des droits et devoirs conférés par la nationalité française, sa connaissance de l'histoire, de la culture et de la société françaises. Cet entretien vise également à évaluer le niveau de connaissance de la langue française pour les personnes dispensées de produire un diplôme ou une attestation ou qui n'ont produit qu'une attestation justifiant d'un niveau inférieur à celui requis (art. 41 du même décret).

Remarque. – Un décret du 30 août 2013 et un arrêté du même jour ont prévu la mise en place, à compter du 1er septembre 2013, d'une expérimentation visant à faire réaliser l'entretien prévu à l'article 41 du décret du 31 décembre 1993 par une commission présidée par le préfet ou son représentant et comprenant deux personnalités désignéees par lui en raison de leur compétence. Cette expérimentation, qui donnera lieu à un rapport d'évaluation en octobre 2014, concerne la Meurthe-et-Moselle, la Meuse, la Moselle et les Vosges.

c) La phase d'instruction et de décision

1) L'instruction par le préfet

Depuis la réforme entrée en vigueur le 1er juillet 2010 après une phase d'expérimentation et qui a déconcentré au niveau des préfectures le pouvoir d'instruction et une partie du pouvoir de décision, il appartient au préfet d'examiner le dossier en vue de la prise de décision. Il peut procéder à tout complément d'enquête sur la conduite et le loyalisme de l'intéressé ou sur son état de santé. Dans ce cas, un examen médical sera effectué par un médecin figurant sur une liste établie par la préfecture (art. 36 du décret du 30 décembre 1993).

Le préfet examine le dossier sous l'angle de sa recevabilité et en opportunité.

- Si, après examen de la demande, il lui apparaît que les conditions posées par la loi ne sont pas remplies, il déclare la demande irrecevable (art. 43 du décret du 30 décembre 1993).
- Si, bien que la demande soit recevable, il estime qu'il n'y a pas lieu d'accorder la naturalisation ou la réintégration, il prononce le rejet de la demande ou en prononce l'ajournement en imposant un délai ou des conditions (art. 44).
- S'il estime que la demande est recevable et qu'il y a lieu d'accorder la naturalisation ou la réintégration, il transmet au ministre chargé des naturalisations le dossier avec sa proposition (art. 46 du décret du 30 décembre 1993) : voir ci-dessous.

2) Le rôle du ministre chargé des naturalisations

Lorsque le préfet propose d'accorder la naturalisation, il transmet au ministre chargé des naturalisations, à l'appui de sa proposition, le dossier qui comprend, outre les pièces remises par le demandeur, le bulletin n° 2 du casier judiciaire et le résultat de l'enquête de police. Le ministre procède à tout complément d'enquête qu'il juge utile, portant sur la conduite et le loyalisme de l'intéressé. Plusieurs situations sont alors possibles :

- lorsque les conditions requises par la loi sont remplies, le ministre peut proposer la naturalisation ou la réintégration ;
- lorsque ces conditions ne sont pas remplies, il déclare la demande irrecevable ;
- s'il estime qu'il n'y a pas lieu d'accorder la naturalisation ou la réintégration, alors même que la demande est recevable, il prononce le rejet de la demande ou son ajournement (art. 48 du décret du 30 décembre 1993).

d) Délai d'instruction des demandes de naturalisation

1/ La préfecture – ou le consulat dans le cas d'une demande déposée à l'étranger – dispose en principe d'un délai de *six mois* à compter de la délivrance du récépissé attestant que l'ensemble des pièces requises a été remis pour transmettre le dossier au ministre chargé des naturalisations, assorti de sa proposition, lorsque celle-ci est positive (art. 46 du décret du 30 décembre 1993 modifié).

Le non-respect de ce délai n'est toutefois assorti d'aucune sanction. L'obligation faite aux services de transmettre le dossier dans un délai de six mois a même eu dans certains cas l'effet contraire à celui escompté, certaines préfectures contingentant le nombre de dossiers qu'elles distribuent et reportant de plusieurs mois le premier rendez-vous. En pratique, les délais restent extrêmement variables d'une préfecture à l'autre : dans le meilleur des cas le dossier est transmis au ministère au bout de quatre à cinq mois ; mais, dans certaines préfectures, les délais peuvent atteindre deux ans, voire plus.

2/ La durée de la phase d'instruction varie selon que des compléments d'enquête sont jugés nécessaires ou non. Elle est d'environ huit mois pour les décisions favorables, auxquels s'ajoutent les délais nécessaires pour la confection du décret.

La loi fixe un délai maximum d'instruction des demandes qui court lui aussi à compter de la date de délivrance du récépissé. Ce délai est de dix-huit mois, mais il est réduit à douze mois lorsque le demandeur réside en France depuis plus de dix ans. Il peut être prolongé une seule fois de trois mois par décision motivée (art. 21-25-1 du Code civil).

Ces délais, théoriquement impératifs, ne sont toutefois assortis d'aucune sanction.

Remarque. – En l'absence d'instruction dans le délai prévu par la loi il est toutefois possible d'engager une procédure de « référé-mesure utile » ou de référé-suspension devant le tribunal administratif, celui-ci pouvant considérer que le silence gardé par l'administration pendant plus de dix-huit ou douze mois fait naître une décision implicite de rejet d'instruction faisant grief (en ce sens : *TA Grenoble, Ordonnance du 23 avril 2013, n° 1301904*).

e) Le décret de naturalisation ou de réintégration

En cas de décision favorable, le décret prononçant la naturalisation ou la réintégration, signé par le Premier ministre, sur le rapport et avec le contreseing du ministre chargé des naturalisations, est publié au *Journal officiel*. Il mentionne le cas échéant le nom des enfants concernés par l'effet collectif (v. *infra*, p. 102). Il prend effet au jour de sa signature.

Le ministre, par l'intermédiaire du préfet, informe l'intéressé de la décision en lui adressant une ampliation, c'est-à-dire une copie du décret, ainsi que les actes d'état civil français constitués par le service central de l'état civil.

L'intéressé est convoqué dans un délai de six mois pour une cérémonie d'accueil dans la nationalité française (art. 21-28 du Code civil) (v. *infra*, p. 105).

> *Remarque*. – Le droit de sceau qui était traditionnellement perçu à l'occasion d'une réintégration ou d'une naturalisation a été supprimé par la loi de finances rectificative pour 2000.

Le décret peut être *retiré* après avis conforme du Conseil d'État dans le délai de deux ans à compter de sa publication au *Journal officiel* s'il apparaît que les conditions de recevabilité n'étaient pas réunies, ou, en cas de mensonge ou de fraude, dans un délai de deux ans à partir de leur découverte (v. *infra*, p. 121).

f) Le rejet ou l'ajournement de la demande

1) La décision de rejet ou d'ajournement

Le préfet ou le ministre peut déclarer la demande *irrecevable* lorsqu'il estime que les conditions légales ne sont pas remplies (empêchements, âge, résidence, assimilation...). Il peut la *rejeter* purement et simplement. Il peut aussi l'*ajourner* en l'assortissant d'un délai ou de conditions : à l'issue de ce délai, ou si les conditions requises sont remplies, l'intéressé peut présenter une nouvelle demande. En pratique depuis que la compétence en matière de naturalisation a été transférée au préfet on constate que les délais d'ajournement se sont considérablement allongés.

La décision d'irrecevabilité peut intervenir sans qu'il soit nécessaire de procéder à l'entretien si, dès la procédure de constitution du dossier (voir **b**), il apparaît que la demande est manifestement irrecevable.

Rappelons que les décisions d'ajournement ou de rejet sont discrétionnaires, c'est-à-dire que l'administration est libre de rejeter ou d'ajourner une demande qui satisfait aux conditions légales, pour des motifs d'opportunité (v. *supra*, p. 86).

2) L'obligation de motivation

L'administration a l'obligation de motiver non seulement les décisions déclarant une demande irrecevable, mais aussi les décisions d'ajournement ou de rejet (art. 27 du Code civil). Concrètement, cela signifie que la décision doit exposer les raisons qui la justifient aux yeux de l'administration. La motivation ne doit pas être stéréotypée, se bornant par exemple à relever que l'intéressé ne remplit pas les conditions prévues par la loi ou que sa naturalisation ne présente pas un intérêt suffisant. Elle doit énoncer de façon précise les considérations de droit et de fait qui ont conduit à la décision.

3) Les recours

L'intéressé peut former un recours devant le ministre chargé des naturalisations à l'encontre de la décision de rejet ou d'ajournement, dans les deux mois suivant leur notification (art. 45 du décret du 30 décembre 1993). Le silence gardé par le ministre sur ce recours pendant plus de quatre mois vaut décision de rejet. Ce recours est un préalable obligatoire au recours contentieux devant le tribunal administratif de Nantes qui doit lui-même être formé dans le délai de deux mois à compter de la réponse expresse ou implicite du ministre (v. *infra*, p. 143).

Remarque. – En cas d'ajournement de la demande, compte tenu de l'encombrement du tribunal administratif de Nantes, le recours contentieux a peu de chances d'être jugé avant l'expiration du délai d'ajournement. Toutefois, compte tenu de ce que les préfectures ont tendance à assortir les décisions d'ajournement de délais de plus en plus longs (voir *supra*, p. 94), le recours contentieux peut dans ce cas retrouver une utilité.

S'agissant d'un rejet de la demande pour *irrecevabilité*, le juge vérifiera que les conditions légales (résidence habituelle, empêchements, moralité, assimilation...) n'étaient effectivement pas remplies.

S'agissant en revanche d'un rejet ou d'un ajournement pour des raisons d'*opportunité*, le juge n'exercera qu'un contrôle restreint et n'annulera la mesure que si elle lui paraît entachée d'une erreur manifeste d'appréciation, de sorte que les chances de voir le recours aboutir sont limitées.

Le juge peut, sur le fondement des articles L. 911-1 et s. du Code de justice administrative, lorsqu'il annule un refus de naturalisation, enjoindre au ministre de réexaminer la demande et de prendre une nouvelle décision dans un délai fixé, en accompagnant son injonction d'une astreinte (*TA de Nantes, 30 juin 1998, Mabrouk*).

g) La communication des dossiers

Les dossiers administratifs de nationalité sont informatisés. Les postulants peuvent donc, conformément à la loi du 6 janvier 1978 modifiée relative à l'informatique, aux fichiers et aux libertés, accéder aux données personnelles les concernant et les faire rectifier ou supprimer le cas échéant si elles sont erronées ou périmées. Il faut pour cela s'adresser à la sous-direction de l'accès à la nationalité (12, rue Francis Le Carval, 44 404 Rezé Cedex).

D. Les empêchements à l'acquisition de la nationalité française par déclaration, naturalisation ou réintégration

Les empêchements à l'acquisition de la nationalité française énumérés par l'article 21-27 du Code civil concernent tous les modes d'acquisition. Toutefois, l'acquisition de la nationalité française en raison de la naissance et de la résidence en France et, de façon générale, l'acquisition de la nationalité française par les mineurs sont soumises à un régime spécifique, beaucoup plus libéral. Ainsi, les empêchements ne sont pas applicables aux enfants mineurs :

- qui acquièrent la nationalité française sans formalité à dix-huit ans (art. 21-7 du Code civil ; v. *supra*, p. 47) ou qui réclament la nationalité dès seize ans, ou dont les parents réclament la nationalité en leur nom dès treize ans (art. 21-11 du Code civil ; v. *supra*, p. 53) ;
- adoptés ou recueillis en France (art. 21-12 du Code civil ; v. *supra*, p. 54) ;
- touchés par l'*effet collectif* de l'acquisition de la nationalité française par leurs parents (art. 22-1 du Code civil ; v. *infra*, p. 102).

1. Condamnations pénales

Nul ne peut acquérir la nationalité française ou être réintégré dans cette nationalité s'il a été l'objet d'une des condamnations suivantes :

- une condamnation pour crimes ou délits constituant une atteinte aux intérêts fondamentaux de la nation ou un acte de terrorisme ;
- une condamnation, quelle que soit l'infraction considérée, à une peine égale ou supérieure à six mois d'emprisonnement non assortie d'une mesure de sursis.

Il ne peut être tenu compte que des condamnations définitives prononcées par une juridiction française. L'existence de ces condamnations s'apprécie à la date de l'acquisition de la nationalité française.

Les empêchements ne s'appliquent pas aux personnes condamnées ayant bénéficié d'une réhabilitation de plein droit ou d'une réhabilitation judiciaire, ni aux personnes dont la mention de la condamnation a été exclue du bulletin n° 2 du casier judiciaire.

Remarques. – 1) Dans le cas d'une condamnation *graciée,* l'empêchement demeure car la grâce ne fait que dispenser le condamné d'exécuter sa peine ou lui permettre d'exécuter une peine plus douce.
2) Les condamnations *amnistiées* ne constituent pas un empêchement à l'acquisition de la nationalité française, mais les faits délictueux qui les ont motivées pourront être pris en considération pour rejeter une demande de naturalisation ou pour justifier une opposition gouvernementale pour indignité dans le cas d'une acquisition par déclaration consécutive à un mariage (v. *supra,* p. 69 et 84).

2. Arrêté d'expulsion, interdiction du territoire, séjour irrégulier

L'individu qui a fait l'objet d'un arrêté d'*expulsion* non expressément rapporté ou abrogé, ou d'une *interdiction du territoire français* non entièrement exécutée, ne peut acquérir la nationalité française.

▶▶ Pour apprécier l'impact de cette disposition, il faut savoir que la liste des infractions susceptibles d'entraîner l'interdiction du territoire prévue par le Code pénal est longue. On trouve dans cette liste non seulement les crimes et délits les plus graves contre les personnes ou les biens, les crimes et délits contre la nation, le terrorisme, le proxénétisme, mais aussi le trafic de stupéfiants – incrimination qui recouvre des actes de gravité très inégale –, les extorsions, le recel, l'entrave à la justice, et l'ensemble des délits relatifs aux faux. Il faut savoir aussi que l'interdiction du territoire peut être prononcée même si la peine principale est assortie du sursis, ce qui atténue sensiblement la protection apparente apportée par l'article 21-27 du Code civil, qui n'érige en cause d'empêchement que les peines de prison ferme.

La personne en situation de *séjour irrégulier* en France ne peut acquérir la nationalité française.

Remarque. – Le fait d'avoir été en situation de séjour irrégulier dans le passé est souvent opposé aux candidats à la naturalisation comme motif d'ajournement de leur demande. La circulaire du 16 octobre 2012 précise toutefois à cet égard que « les périodes passées en séjour irrégulier ne doivent désormais plus figurer au nombre des critères conduisant à refuser systématiquement la naturalisation ». La situation régulière reste strictement exigée au moment du dépôt de la demande et dans les cinq années précédant le dépôt. Et pour les personnes bénéficiant d'une dispense de stage, un ajournement à deux ans peut être opposé, dit la circulaire, si elles ont été en situation irrégulière dans les deux années précédant le dépôt.

E. Les effets de l'acquisition de la nationalité française

Le Français par acquisition, quel que soit le mode d'acquisition (déclaration, naturalisation, réintégration), est assimilé au Français de naissance : il jouit de tous les droits et est tenu à toutes les obligations attachées à la qualité de Français à dater du jour de cette acquisition (art. 22 du Code civil). Le Français par acquisition peut toutefois, dans certaines circonstances, et contrairement au Français de naissance, être déchu de la nationalité française (v. *infra*, p. 120).

L'acquisition de la nationalité française entraîne par ailleurs un certain nombre de conséquences juridiques concernant les enfants mineurs, qui deviennent français (c'est ce qu'on appelle l'« effet collectif »), le nom et les prénoms, dont on peut demander la francisation, l'état civil, éventuellement la nationalité d'origine, les obligations concernant le service national, l'inscription sur les listes électorales. Une cérémonie d'accueil dans la citoyenneté française est organisée par le préfet.

1. L'effet collectif

Selon l'article 22-1 du Code civil, l'enfant âgé de moins de dix-huit ans, dont l'un des parents acquiert la nationalité française, devient français de plein droit.

Remarques. – 1) La minorité de l'enfant s'apprécie à la date de la souscription s'agissant de la déclaration, à la date du décret s'agissant de la naturalisation ou de la réintégration par décret. Si par conséquent l'enfant est devenu majeur entre le moment de la demande et le moment de la signature du décret, il ne bénéficiera pas de l'effet collectif.
2) L'enfant marié ne bénéficie pas de l'effet collectif (article 22-2 du Code civil).

L'effet collectif de l'acquisition de la nationalité française joue quel que soit le mode d'acquisition : déclaration, naturalisation, réintégration. Il est également susceptible de jouer dans le cas de l'acquisition sans formalité à la majorité si l'intéressé a des enfants.

a) Conditions

Deux conditions sont posées à l'acquisition de la nationalité française par les enfants mineurs :
- que le nom de l'enfant soit mentionné dans le décret de naturalisation ou dans la déclaration de nationalité ;
- que l'enfant ait la même résidence habituelle que ce parent, ou qu'il réside alternativement avec ce parent dans le cas de séparation ou de divorce. Dans le cas d'une naturalisation, l'enfant doit résider habituellement en France avec ses parents à la date de signature du décret de naturalisation (*CE 27 juillet 2005, n° 252544*).

▶▶ En revanche, l'effet collectif ne joue pas dans le cas où le parent séparé ou divorcé qui acquiert la nationalité française exerce seulement un droit de visite et d'hébergement. Ainsi, la circulaire du 26 août 1998 précise que l'effet collectif ne peut être reconnu si la présence de l'enfant n'est qu'occasionnelle, par exemple limitée aux périodes de vacances.

L'intéressé doit indiquer précisément la liste de ses enfants qui résident habituellement ou alternativement avec lui et produire, outre leur acte de naissance et une pièce établissant leur filiation, tous documents prouvant qu'ils résident habituellement ou alternativement avec lui (il peut s'agir notamment d'un certificat de scolarité, d'une attestation des services sociaux, de justificatifs de versement d'allocations familiales, etc.). En cas de résidence alternée de l'enfant, l'intéressé doit produire la décision du juge qui a organisé les modalités de la résidence de l'enfant.

Toutefois, l'enfant qui ne remplit pas l'une ou l'autre de ces conditions, et qui est donc resté étranger malgré l'acquisition de la nationalité française par un de ses parents, peut demander sa naturalisation pendant sa minorité s'il justifie avoir résidé en France avec ce parent durant les cinq années précédant le dépôt de la demande (art. 21-22 du Code civil ; v. *supra*, p. 72).

▶▶ Aucun des empêchements à l'acquisition de la nationalité française prévus à l'article 21-27 du Code civil n'est opposable aux personnes susceptibles d'acquérir la nationalité française avant dix-huit ans par effet collectif (v. *supra*, p. 99). On ne peut donc pas, notamment, opposer à l'enfant le fait qu'il n'est pas en situation régulière en France parce qu'il n'est pas entré dans le cadre de la procédure de regroupement familial.

b) Choix du nom de l'enfant

Les parents ont la possibilité de choisir le nom de famille de leurs enfants, soit le nom du père, soit le nom de la mère, soit leurs deux noms accolés (articles 311-21 et 311-22 du Code civil). Une notice complémentaire intitulée « détermination du nom de vos enfants susceptibles de devenir français » est remise au postulant avec le formulaire de demande d'acquisition de la nationalité française. Elle s'accompagne d'un formulaire de déclaration conjointe de choix de nom (cir. DPM/NAT/2004/600, 14 décembre 2004).

c) Faculté de répudiation

La loi permet à l'enfant qui est français par effet collectif alors qu'il n'est pas né en France de *répudier la qualité de Français* par déclaration dans les six mois précédant sa majorité et dans les douze mois la suivant (art. 22-3 du Code civil). Il peut également renoncer à cette faculté de répudier la qualité de Français dès l'âge de seize ans par déclaration (sur la procédure de répudiation, v. *supra*, p. 43).

Le décret du 30 décembre 1993 précise que la répudiation de la nationalité française est subordonnée dans ce cas aussi à la preuve d'une autre nationalité, la personne devant produire un certificat délivré par les autorités du pays dont elle se réclame établissant qu'elle a la nationalité de ce pays. Cette précision, qui ne figurait pas dans la loi, a été ajoutée afin d'éviter que les jeunes concernés ne deviennent apatrides en répudiant la nationalité française.

2. La francisation du nom et des prénoms

Lorsqu'il acquiert la nationalité française sans formalité, ou lors de la souscription d'une déclaration en vue d'acquérir ou de réintégrer la nationalité française, ou durant l'instance de naturalisation ou de réintégration par décret, l'étranger peut demander la francisation de son nom et de son ou ses prénoms. Il peut même, s'il ne possède pas de prénom, demander l'attribution d'un prénom français. Il peut aussi demander la francisation du ou des prénoms de ses enfants mineurs bénéficiaires de l'effet collectif ou, s'ils ne possèdent aucun prénom, l'attribution d'un prénom français.

Remarques. – 1) La francisation consiste en général dans la traduction ou l'adaptation du nom étranger, et non dans un changement de nom.

2) La demande de francisation est sans influence sur l'aboutissement de la procédure de naturalisation et n'est de nature ni à la faciliter, ni à l'allonger.

a) Procédure

La demande est faite par l'intéressé lui-même à partir de l'âge de seize ans. S'il a moins de seize ans, il est représenté par son représentant légal (parent ou tuteur). Elle est présentée :

- lors de la demande de naturalisation ou de réintégration ou lors de la déclaration d'acquisition de la nationalité française ou de réintégration ;
- ou dans le délai d'un an suivant l'acquisition de la nationalité française ou la réintégration.

b) Forme

La francisation est accordée par décret publié au *Journal officiel* sur le rapport du ministre chargé des naturalisations, et notifié au demandeur. En matière de naturalisation ou de réintégration, la francisation peut être accordée par le décret qui confère la nationalité française.

c) Effets

La francisation du nom s'étend de plein droit : 1) aux enfants mineurs bénéficiaires de l'effet collectif ; 2) aux enfants mineurs français à un autre titre, qui étaient déjà français avant que leur parent n'acquière la nationalité française.

3. La cérémonie d'accueil

Le préfet organise une cérémonie d'accueil dans la citoyenneté française à l'intention des personnes résidant dans le département et ayant acquis la nationalité française par déclaration, naturalisation ou réintégration (art. 21-28 du Code civil). Cette cérémonie se déroule dans le délai de six mois à compter de l'acquisition de la nationalité française ou, pour les personnes ayant acquis la nationalité française sans formalité à leur majorité, de la délivrance du certificat de nationalité française.

Au cours de la cérémonie, la charte des droits et devoirs du citoyen français (v. *supra*. p. 81) leur est remise.

Le préfet communique au maire, en sa qualité d'officier d'état civil, l'identité et l'adresse des personnes résidant dans la commune susceptibles de bénéficier de la cérémonie d'accueil. Les députés et sénateurs élus dans le département y sont invités. Lorsque le maire en fait la demande, le préfet peut l'autoriser à organiser cette cérémonie (art. 21-29 du Code civil).

Remarque. – Afin de lui permettre d'assister à sa cérémonie d'accueil dans la citoyenneté française, tout salarié bénéficie, sur justification, d'un congé non rémunéré d'une demi-journée. Ce congé ne peut être refusé par l'employeur (art. L. 3142-116 du Code du travail).

4. L'état civil

Un acte tenant lieu d'acte de naissance est dressé pour toute personne née à l'étranger qui acquiert ou recouvre la nationalité française. De même, si la personne qui acquiert ou recouvre la nationalité française a contracté mariage antérieurement à l'étranger, il lui est établi un acte tenant lieu d'acte de mariage ainsi qu'un livret de famille. Ces actes d'état civil sont dressés par le Service central d'état civil du ministère des Affaires étrangères, qui assure aussi la délivrance de copies.

La mention des actes administratifs ou des déclarations ayant pour effet l'acquisition de la nationalité française ou la réintégration dans cette nationalité doit être portée en marge de l'acte de naissance de l'intéressé.

Y sont également mentionnées toute première délivrance d'un certificat de nationalité française ainsi que les décisions juridictionnelles ayant trait à cette nationalité (art. 28 du Code civil). Ces mentions sont de nature à faciliter la preuve ultérieure de la nationalité française. Ces actes ou déclarations, ainsi que les décisions juridictionnelles rendues en matière de nationalité, doivent donc être notifiés aux officiers de l'état civil détenteurs de l'acte de naissance de l'intéressé.

5. Les effets sur la nationalité d'origine

Au regard du droit français, l'acquisition de la nationalité française n'a pas d'effet sur la nationalité d'origine. Celui qui acquiert la nationalité française peut donc conserver, et en pratique conserve le plus souvent, sa nationalité d'origine. Depuis l'entrée en vigueur de la loi du 16 juin 2011, la personne qui a acquis la nationalité française soit par naturalisation, soit par déclaration doit indiquer la ou les nationalités qu'il possède déjà, la ou les nationalités qu'il conserve en plus de la nationalité française ainsi que la ou les nationalités auxquelles il entend renoncer (art. 21-27-1 du Code civil). Comte tenu de la complexité des lois sur la nationalité, il n'est pas certain que les personnes soient toujours en mesure de donner des indications fiables à cet égard, ne sachant pas forcément si elles possèdent une autre nationalité que celle dont elles se revendiquent et connaissant encore moins celles qu'elles risquent de perdre ou auxquelles elles peuvent renoncer en acquérant la nationalité française.

Remarque. – Comme le rappelle la circulaire du 19 avril 2012 qui précise les modalités d'application de la loi, ces informations ne doivent pas être recueillies lors de la déclaration ou de la demande de naturalisation mais bien au moment de l'acquisition de la nationalité française, par exemple lors de la cérémonie d'accueil. Ces informations ont par ailleurs un caractère purement déclaratif et n'ont pas à faire l'objet d'une vérification de la part de l'administration.

La personne qui a plusieurs nationalités sera considérée comme française par les autorités françaises et traitée comme telle en ce qui concerne tant ses droits que ses obligations, même si d'autres États continuent de leur côté à la considérer comme leur ressortissant. Toutefois, des conventions bilatérales ou multilatérales ont été passées pour éviter aux doubles nationaux d'avoir à effectuer deux fois leurs obligations militaires (v. ci-après, **6**).

Il se peut cependant que la législation du pays d'origine de l'intéressé ou des conventions internationales ratifiées par lui fasse de l'acquisition d'une nationalité étrangère, du moins si cette acquisition résulte d'un acte de volonté, un cas de perte de la nationalité d'origine. C'est le cas des pays qui ont ratifié la Convention de Strasbourg de 1963 sur la réduction des cas de plurinationalité : l'Autriche, le Danemark, l'Espagne, l'Irlande, la Norvège, les Pays-Bas, le Royaume-Uni, la Suède. L'Allemagne, qui avait ratifié la convention, l'a dénoncée le 21 décembre 2001. La Belgique, la France (depuis le 5 mars 2009), l'Italie et le Luxembourg ont dénoncé le chapitre 1er portant sur la réduction des cas de plurinationalité (v. *infra*, p. 124).

6. Le service national

Le Français par acquisition est assujetti, dans les mêmes conditions que le Français de naissance, aux obligations du service national. Ces obligations ont été considérablement réduites par la réforme législative de 1997.

Les personnes devenues françaises entre la date de leur seizième anniversaire et celle de leur vingt-cinquième anniversaire sont soumises à l'obligation de recensement dans un délai d'un mois, à partir du moment où la nationalité française a été acquise ou du moment où cette acquisition leur a été notifiée.

L'obligation de recensement pour les personnes qui bénéficient de la faculté de répudier ou de décliner la nationalité française (v. *supra*, p. 41, 49 et 104) est reportée jusqu'à l'expiration du délai ouvert pour exercer cette faculté, soit douze mois après l'âge de la majorité.

Pour éviter aux doubles nationaux d'avoir à accomplir deux fois ces obligations – ou d'être considérés comme insoumis dans le pays où ils ne les ont pas effectuées –, la France a conclu avec plusieurs États étrangers des conventions bilatérales réglant cette question ; elle est également partie à la convention du Conseil de l'Europe du 6 mai 1963, qui, dans son chapitre II, comporte des dispositions analogues. Le Code du service national prévoit quant à lui des dispenses complémentaires.

Remarque. – Les indications données ici sont valables aussi bien pour le Français d'origine que pour le Français d'acquisition. Mais le Français d'acquisition ayant plus souvent la double nationalité que le Français d'origine, il a plus de chances d'être concerné par ces questions.

a) Les conventions internationales

La France a signé des conventions internationales avec plusieurs pays qui évitent aux doubles nationaux d'être soumis aux obligations du service national dans deux pays.

1) La convention sur la réduction des cas de pluralité de nationalités

La convention sur la réduction des cas de pluralité de nationalités et sur les obligations militaires en cas de pluralité de nationalités a été signée le 6 mai 1963 sous l'égide du Conseil de l'Europe et publiée en France par le décret du 21 mai 1968.

Sont liés par cette convention, outre la France, en ce qui concerne les obligations militaires : l'Autriche, la Belgique, le Danemark, l'Espagne, l'Irlande, l'Italie, le Luxembourg, la Norvège, les Pays-Bas, le Portugal, le Royaume-Uni.

Elle prévoit que tout individu qui possède la nationalité de deux ou plusieurs parties contractantes n'est tenu de remplir ses obligations militaires qu'à l'égard d'une seule de ces parties. À défaut d'accords spéciaux, le service doit être effectué dans le pays de résidence habituelle. Néanmoins, l'intéressé peut, jusqu'à l'âge de dix-neuf ans, se soumettre aux obligations militaires sous forme d'un engagement volontaire dans le pays de son choix. Il a aussi une faculté de choix s'il réside dans un autre État que celui dont il possède la nationalité.

2) Les conventions bilatérales

• Les conventions passées par la France avec des *États signataires de la convention du Conseil de l'Europe*. – La convention du Conseil de l'Europe offre un cadre général qui peut être complété par des conventions bilatérales. Ces conventions viennent notamment préciser la notion de résidence habituelle, qui permet de déterminer le pays où doit être effectué le service national. Il s'agit en général du lieu de la résidence permanente de l'intéressé à l'âge de dix-huit ans.

Des conventions ont été passées avec la Belgique (1962), l'Espagne (1969), la Grande-Bretagne (1949, entrée en vigueur en 1956), l'Italie (1974, entrée en vigueur en 1976), le Luxembourg (1949). Une convention existe également avec la Suisse (1958, modifiée en 1989).

• Les conventions avec les pays d'*Amérique latine*. – Les doubles nationaux nés dans l'un des pays d'Amérique latine signataires d'une convention bilatérale avec la France – Argentine (1927), Chili (1928), Pérou (1927), Paraguay (1927) – ne sont tenus de remplir leurs obligations militaires qu'à l'égard d'un des deux pays: en pratique, celui où il a été incorporé en premier. Les doubles nationaux nés en France ne sont pas couverts par ces conventions. La convention avec la Colombie (1932) prévoit, elle, que le double national doit accomplir ses obligations militaires dans son État de naissance.

• La convention *franco-tunisienne* (1982, entrée en vigueur en 1983). – Le service doit être effectué dans le pays où le jeune a sa résidence habituelle à l'âge de vingt ans. Il a toutefois la possibilité, en souscrivant une déclaration, d'accomplir ses obligations militaires dans l'autre État.

• La convention *franco-algérienne* (1984). – Cette convention permet au double national de choisir le pays où il souhaite faire son service. Ce choix est concrétisé par une déclaration irrévocable lors du recensement ou au moment de l'appel.

• La convention *franco-israélienne* (1959, entrée en vigueur en 1963). – Elle prévoit que le service doit être effectué dans le pays de résidence. La résidence est appréciée à l'âge de dix-huit ans ou à l'âge de l'acquisition de la double nationalité. Toutefois, en cas d'engagement volontaire dans les forces armées de l'un des États, le temps passé est déduit des obligations légales dans l'autre État (ce qui en pratique aboutit à ce que le double national franco-israélien qui a fait son service militaire en Israël est dispensé de l'effectuer en France).

b) Les dispositions du droit interne

1) Résidence en France

Un double national résidant habituellement sur le territoire français doit accomplir ses obligations en France. Toutefois, les Français détenant la double nationalité avant l'âge de seize ans et qui ont satisfait aux obligations militaires à l'égard de l'autre État dont ils sont ressortissants ne seront pas soumis à l'appel de préparation à la défense, sauf sur demande de leur part.

2) Résidence dans l'autre État dont ils sont ressortissants

Les Français qui possèdent la nationalité d'un autre État sont dispensés des obligations militaires en temps de paix, même en l'absence d'accord bilatéral, s'ils entrent dans l'un des trois cas prévus par l'article L. 38 du Code du service national :

- s'ils ont, à l'âge de vingt et un ans, eu leur résidence habituelle ininterrompue de dix-huit à vingt et un ans dans l'État étranger dont ils ont la nationalité et s'ils sont en règle avec la loi de recrutement de cet État ou si le service militaire n'y est pas institué ;

- s'ils ont effectué un service effectif dans l'État étranger dont ils ont la nationalité, lorsque cet État est lié à la France par un traité d'alliance ou un accord de défense ;
- s'ils ont quitté provisoirement leur pays de résidence pour venir accomplir des études supérieures en France, alors qu'ils avaient, dans ce pays de résidence, soit déjà accompli leur service obligatoire, soit obtenu un sursis d'incorporation au titre de ces études.

7. L'inscription sur les listes électorales

Les étrangers ayant acquis la nationalité française, par déclaration, naturalisation ou réintégration, peuvent s'inscrire sur les listes électorales en dehors des périodes de révision (art. L. 30 du Code électoral).

3 La perte de la nationalité française

La perte de la nationalité française peut être volontaire, c'est-à-dire demandée par l'intéressé lui-même **(A)** ou involontaire **(B)**. Dans ce cas, elle résultera en général soit d'une décision de l'autorité publique, soit d'un jugement émanant d'une juridiction française. Exceptionnellement, elle a un caractère automatique, résultant de l'acquisition d'une autre nationalité ou de l'accession à l'indépendance du territoire dont l'intéressé est originaire.

A. La perte volontaire de la nationalité française

Outre la répudiation de la nationalité française d'origine prévue par les articles 18-1 et 19-4, et la répudiation de la nationalité française acquise par l'effet collectif prévue par l'article 22-3, déjà examinées plus haut (v. *supra*, p. 41 et p. 104), le Code civil prévoit deux cas dans lesquels une personne peut demander, par simple déclaration, à perdre la nationalité française. En dehors de ces hypothèses, il faut demander la « libération des liens d'allégeance », qui doit être accordée par l'autorité publique.

1. La répudiation de la nationalité française par le conjoint français d'un étranger

L'article 23-5 du Code civil prévoit qu'en cas de mariage avec un étranger le conjoint français peut répudier la nationalité française par déclaration.

a) Conditions de la répudiation

Elles sont au nombre de trois :

- le conjoint français doit avoir acquis la nationalité de l'autre époux. La preuve en est apportée par un certificat de l'autorité publique étrangère ;
- les époux doivent avoir fixé leur résidence à l'étranger. La preuve en est apportée par tous documents ;
- si l'intéressé est un Français de sexe masculin âgé de moins de trente-cinq ans, il doit avoir satisfait aux obligations militaires, à moins qu'il n'en ait été exempté ou dispensé.

b) Procédure

L'intéressé, qui par hypothèse réside à l'étranger, *souscrit une déclaration* auprès des agents consulaires français dans les formes prévues aux articles 26 et s. du Code civil. Il doit fournir à l'appui de sa déclaration (art. 27 du décret du 30 décembre 1993) : un extrait de son acte de naissance ; tous documents de nature à établir qu'il est français ; un certificat délivré par les autorités du pays dont son conjoint a la nationalité établissant qu'il a acquis cette nationalité ; les documents justifiant que la résidence habituelle des époux est fixée à l'étranger ; le cas échéant, un document délivré par les autorités militaires françaises justifiant qu'il a satisfait aux obligations du service national ou qu'il en a été dispensé ou exempté.

La déclaration doit être *enregistrée* par le ministre de la Justice, dans les conditions prévues par les articles 29 et s. du décret du 30 décembre 1993 (v. *supra*, p. 43, à propos de la répudiation de la nationalité française d'origine).

La qualité de Français est perdue à compter du jour où la déclaration a été souscrite, à condition qu'elle ait été régulièrement enregistrée.

2. La perte de la nationalité française par la personne ayant acquis volontairement une nationalité étrangère

L'article 23 du Code civil permet au Français qui a acquis volontairement une nationalité étrangère de souscrire une déclaration de perte de la nationalité française.

a) Conditions

- Seule une personne *majeure* peut souscrire la déclaration de perte de la nationalité française.
- L'intéressé doit avoir acquis une nationalité étrangère, et cela *volontairement* (naturalisation, réclamation de nationalité). Est donc inopérante la nationalité étrangère acquise de plein droit, par le jeu de l'effet collectif, ou par le fait qu'une faculté de répudiation n'a pas été utilisée.
- La déclaration en vue de perdre la nationalité française doit être souscrite au plus tard avant l'expiration du *délai*

d'un an à compter de l'acquisition de la nationalité étrangère (art. 23-1 du Code civil).
- L'intéressé doit avoir fixé sa *résidence habituelle à l'étranger*, tant au moment de l'acquisition de la nationalité étrangère que lors de la déclaration.
- L'intéressé âgé de moins de trente-cinq ans doit avoir satisfait aux obligations du *service national*, à moins qu'il n'en ait été exempté ou dispensé.

b) Procédure

L'intéressé peut souscrire, dès le dépôt de sa demande d'acquisition d'une nationalité étrangère, une déclaration auprès des agents consulaires français du pays où il réside, dans les formes prévues par les articles 26 et s. du Code civil. Il doit joindre à sa demande les pièces suivantes (art. 28 du décret du 30 décembre 1993) : un extrait de son acte de naissance ; tous documents de nature à établir qu'il est français ; un certificat délivré par les autorités du pays dont il a acquis ou demandé à acquérir la nationalité, précisant la date d'acquisition de cette nationalité ou attestant du dépôt de la demande d'acquisition ; les documents justifiant qu'il réside habituellement à l'étranger ; le cas échéant, un document délivré par les autorités militaires françaises justifiant qu'il a satisfait aux obligations du service actif ou qu'il en a été dispensé ou exempté.

La déclaration doit être *enregistrée* par le ministère de la Justice, dans les conditions prévues par les articles 29 et s. du décret du 30 décembre 1993 (v. *supra*, p. 43, à propos de la répudiation de la nationalité française d'origine).

c) Effets

La déclaration fait perdre la nationalité française *à compter de la date d'acquisition de la nationalité étrangère* et non à compter de la date de la souscription de la déclaration (art. 23-9 du Code civil).

À moins qu'il n'en soit décidé autrement par une convention internationale, la déclaration de perte de la nationalité française est sans effet sur les enfants mineurs, qui demeurent français. Mais ils acquerront probablement la nationalité étrangère de leur parent par le jeu de l'effet collectif prévu dans la plupart des législations étrangères. S'ils veulent perdre la nationalité française, ils ne pourront, en tant que mineurs, que demander la libération des liens d'allégeance au gouvernement français (v. plus loin), puisque la perte de la nationalité française par déclaration n'est ouverte qu'aux majeurs.

3. La libération des liens d'allégeance

Toute personne possédant une double nationalité peut être autorisée par le gouvernement français à perdre la nationalité française : c'est la « libération des liens d'allégeance » prévue par l'article 23-4 du Code civil et réglementée par les articles 53 à 58 du décret du 30 décembre 1993.

a) Conditions

L'intéressé, français par hypothèse, doit avoir une nationalité étrangère, quelle qu'en soit l'origine : attribution, acquisition volontaire ou non. C'est la seule condition prévue par la loi. Mais le ministre chargé des naturalisations dispose à cet égard, comme en matière de naturalisation, d'un pouvoir d'appréciation étendu. En pratique, l'administration exige une volonté réelle d'expatriation de la part du postulant, qui doit avoir l'intention effective de s'établir à l'étranger (*CE 25 janvier 1986, époux Djebbar*).

b) Procédure et effet

1) La demande

La demande, destinée au ministre chargé des naturalisations, est déposée à la préfecture du lieu de résidence, ou auprès de l'autorité administrative de sa circonscription si l'intéressé réside dans un territoire d'outre-mer, ou auprès de l'autorité consulaire française si l'intéressé réside à l'étranger.

La demande est accompagnée des actes de l'état civil et de tous documents établissant que le demandeur possède une nationalité étrangère et la nationalité française.

Le dossier, accompagné d'un rapport et d'un avis motivé de l'autorité qui a reçu le dossier, est transmis à la sous-direction de l'accès à la nationalité française.

2) La décision

L'autorisation de perdre la qualité de Français est accordée par décret. Le décret est publié au *Journal officiel* et notifié au demandeur.

À l'instar des décisions relatives à une demande de naturalisation ou de réintégration par décret, toute décision déclarant irrecevable, ajournant ou rejetant une demande d'autorisation de perdre la nationalité française doit être *motivée* et comporter les considérations *de droit et de fait* qui la fondent (art. 27 du Code civil).

La décision de rejet peut être contestée soit par requête gracieuse présentée au ministre chargé des naturalisations, soit, dans les deux mois de sa notification, par un recours contentieux devant le tribunal administratif.

3) Effet

La nationalité française est perdue à compter de la date de la signature du décret. La perte n'a pas d'effet collectif sur les enfants mineurs.

B. La perte involontaire de la nationalité française

En principe, la perte de la nationalité française n'est jamais automatique et résulte d'une décision de l'autorité publique ou d'un jugement.

Toutefois, la convention de Strasbourg du 6 mai 1963 relative à la réduction des cas de pluralité de nationalités, avant que la France ne la dénonce, faisait perdre de plein droit la nationalité française à celui qui acquerrait volontairement la nationalité d'un autre État contractant.

La perte de la nationalité française a pu résulter aussi, dans le passé, de la cession ou de l'accession à l'indépendance d'un territoire.

1. La perte de la nationalité française par décision de l'autorité publique

Dans toutes les hypothèses analysées ci-après, et contrairement au cas déjà évoqué de la libération des liens d'allégeance, l'initiative vient du gouvernement, et la perte de la nationalité française vise à sanctionner un comportement jugé incompatible avec la qualité de Français.

a) La perte de la nationalité française prononcée d'office par le gouvernement français

Le gouvernement français peut prononcer d'office la perte de la nationalité française d'une personne qui possède une nationalité étrangère dans deux cas : lorsque l'intéressé manifeste par son comportement un défaut de loyalisme à l'égard de la France (art. 23-7 du Code civil) ; ou lorsque, occupant un emploi dans une armée ou un service public étranger ou dans une organisation internationale dont la France ne fait pas partie, il n'a pas résigné son emploi malgré l'injonction qui lui en a été faite par le gouvernement français (art. 23-8 du Code civil). La procédure à suivre est décrite par les articles 59 et 60 du décret du 30 décembre 1993. Mais ces dispositions ne sont pratiquement jamais appliquées.

b) La déchéance de la nationalité française

La déchéance de la nationalité française est une sanction pour indignité ou manque de loyalisme qui frappe un individu ayant acquis la nationalité française (art. 25 et 25-1 du Code civil).

1) Conditions

Seule peut être déchue de la nationalité française la personne qui a *acquis* cette nationalité, quelle que soit la cause de cette acquisition. Le Français d'origine, c'est-à-dire celui auquel la nationalité française est attribuée à la naissance, ne peut jamais être déchu de sa nationalité.

La déchéance ne peut pas être prononcée si elle a pour effet de rendre apatride la personne ayant acquis la nationalité française.

Les faits reprochés doivent s'être produits *antérieurement* à l'acquisition de la nationalité française ou *dans les dix années* qui ont suivi cette acquisition. Ces faits sont limitativement énumérés par les textes :

- condamnation pour atteinte à l'administration publique commise par des personnes exerçant une fonction publique ;
- condamnation pour s'être soustrait aux obligations du service national ;
- actes commis au profit d'un État étranger, incompatibles avec la qualité de Français et préjudiciables aux intérêts de la France (actes de collaboration avec les forces d'occupation ennemie, rapports commerciaux avec l'ennemi pendant l'occupation du territoire français...).
- condamnation pour crime ou délit constituant une atteinte aux intérêts fondamentaux de la nation ou pour acte de terrorisme. Dans ce cas, les faits retenus peuvent

s'être produits dans les *quinze ans* qui suivent l'acquisition de la nationalité.

L'amnistie des condamnations ne fait pas obstacle à la procédure de déchéance.

2) Procédure et effet

La déchéance doit être prononcée *dans le délai de dix ans* à compter de la commission des faits reprochés (lesquels, on l'a vu, doivent avoir été commis avant ou dans les dix années qui ont suivi l'acquisition de la nationalité française). Le délai de déchéance est porté à *quinze ans* si la personne a été condamnée pour crime ou délit constituant une atteinte aux intérêts fondamentaux de la nation ou pour terrorisme (l'infraction devant avoir été commise avant ou dans les quinze années suivant l'acquisition de la nationalité française).

La procédure, réglementée par l'article 61 du décret du 30 décembre 1993, est introduite à la requête du ministre chargé des naturalisations. Celui-ci doit aviser l'intéressé de son intention et lui notifier les motifs de droit et de fait justifiant la déchéance de la nationalité française. L'intéressé dispose d'un mois pour faire parvenir ses observations en défense. À l'issue de ce délai, la déchéance peut être prononcée par un décret motivé, pris après *avis conforme du Conseil d'État*. Le décret est publié au *Journal officiel* et notifié à l'intéressé, qui peut former un recours gracieux ou, dans le délai de deux mois, un recours contentieux devant le Conseil d'État.

c) Le retrait du décret de naturalisation ou de réintégration

L'article 27-2 du Code civil prévoit la faculté pour le gouvernement de « rapporter » (retirer) le décret ayant accordé la naturalisation ou la réintégration, après avis conforme du Conseil d'État.

1) Causes de retrait

La loi énumère deux causes possibles de retrait.

1. *L'absence des conditions exigées par les textes*: c'est l'hypothèse où la personne naturalisée ne remplissait pas une ou plusieurs des conditions exigées par les textes. Par exemple, elle n'avait pas sa résidence en France le jour de la signature du décret; ou bien elle avait fait l'objet d'un arrêté d'expulsion; ou encore l'administration découvre des faits, antérieurs à la signature du décret, qui, s'ils avaient été connus d'elle lors de l'instance de naturalisation ou de réintégration, auraient été de nature à modifier son appréciation et sa décision (défaut d'assimilation, défaut de bonnes vie et mœurs, condamnations...).

2. *Mensonge ou fraude*: c'est l'hypothèse où l'intéressé a fait une fausse déclaration ayant exercé une influence sur la décision qui a été prise, ou a agi frauduleusement. Constitue un mensonge le fait de dissimuler des actes passés ou une condamnation pénale, tandis que la fraude consiste, par exemple, en la production de faux documents. Le mensonge ou la fraude peuvent également résider dans le fait d'avoir dissimulé sa situation familiale (absence de déclaration d'un mariage à l'étranger ou d'un changement dans la situation matrimoniale).

2) Délais

Si le retrait est fondé sur l'irrecevabilité de la demande, le décret de naturalisation ou de réintégration ne peut être rapporté que dans le délai de *deux ans* à compter de sa publication au *Journal officiel* (ce délai était de un an avant l'entrée en vigueur de la loi du 16 juin 2011).

Si le retrait est fondé sur le mensonge ou la fraude du demandeur, le décret de naturalisation ou de réintégration peut être rapporté dans un délai de *deux ans* à compter de la découverte du mensonge ou de la fraude.

3) Procédure

Le gouvernement, lorsqu'il décide de retirer un décret de naturalisation ou de réintégration, doit préalablement notifier à l'intéressé les motifs de droit et de fait qui servent de fondement à sa décision et laisser à l'intéressé un mois à compter de cette notification pour présenter ses observations en défense (art. 62 du décret du 30 décembre 1993).

Le décret rapportant le décret de naturalisation ou de réintégration est pris après *avis conforme* du Conseil d'État. Il peut faire l'objet d'un recours gracieux devant le Premier ministre ou d'un recours contentieux devant le Conseil d'État, qui doit alors être intenté dans un délai de deux mois.

2. La perte de la nationalité française par jugement

La perte de la nationalité française peut être constatée par jugement en cas d'établissement prolongé à l'étranger et en l'absence de possession d'état de Français. C'est le cas d'une personne, française d'origine par filiation, qui n'a pas la possession d'état de Français, n'a jamais eu sa résidence habituelle en France et dont les ascendants dont il tenait la nationalité française n'ont eux-mêmes ni possession d'état de Français ni résidence en France depuis un demi-siècle (art. 23-6 et 30-3 du Code civil).

Remarques. – 1) Si cette procédure est très rarement appliquée, l'article 30-3 du Code civil est en revanche parfois opposé à la personne qui demande un certificat de nationalité française au juge d'instance. Le refus de délivrance du certificat peut être contesté par la voie d'un recours hiérarchique devant le garde des Sceaux ou d'un recours contentieux devant le tribunal de grande instance.
2) Ces personnes peuvent, sous certaines conditions, réclamer la nationalité française (art. 21-14 du Code civil; v. *supra*, p. 60).

3. La perte automatique de la nationalité française prévue par la convention de Strasbourg

La convention de Strasbourg du 6 mai 1963 lie actuellement les pays suivants : l'Autriche, le Danemark, l'Espagne, l'Irlande, la Norvège, les Pays-Bas, le Royaume-Uni, la Suède. L'Allemagne, qui avait ratifié la convention, l'a dénoncée le 21 décembre 2001. La Belgique, la France (depuis le 5 mars 2009), l'Italie et le Luxembourg ont dénoncé le chapitre 1er portant sur la réduction des cas de plurinationalité. Ce chapitre 1er a pour but de réduire les cas de double nationalité. À cet effet, il prévoit que l'acquisition par le national majeur d'un État contractant de la nationalité d'un autre État contractant entraîne, dès lors qu'elle résulte d'une manifestation de volonté, la perte automatique de la nationalité antérieure.

Ces dispositions ayant été dénoncées par la France à compter du 5 mars 2009, le Français qui acquiert par naturalisation, option, réintégration, la nationalité d'un des États que l'on vient de citer ne perd plus la nationalité française. Cette perte s'étendait à l'enfant mineur lorsque les deux parents perdaient en même temps la nationalité française par application de la convention. Celui-ci pouvait cependant demander sa réintégration par déclaration après sa majorité (v. *supra*, p. 61).

4. La perte de la nationalité française en raison de la cession ou de l'accession à l'indépendance de territoires

La cession d'un territoire ou l'accession à l'indépendance d'un territoire anciennement sous souveraineté française ont des effets complexes sur la nationalité.

Les ressortissants des territoires devenus indépendants ont en général perdu la nationalité française lors de l'indépendance. Cette règle ne s'applique cependant pas de façon absolue. Dans le cas des États africains, ont pu ainsi conserver la nationalité française : les personnes originaires du territoire de la République française, tel qu'il était constitué à la date du 28 juillet 1960 (c'est-à-dire sans les territoires devenus indépendants), et leurs descendants ; les personnes domiciliées dans un territoire d'outre-mer au moment de l'indépendance et auxquelles aucune autre nationalité n'a été conférée de plein droit par la législation de l'État devenu indépendant (pour éviter les cas d'apatridie) ; les personnes qui, à la date de l'accession à l'indépendance du territoire d'outre-mer, n'étaient pas domiciliées dans ce territoire (la condition d'absence de domicile a donné lieu à des difficultés d'appréciation importantes).

Mais ce schéma très général n'est valable que pour l'Afrique subsaharienne. Il convient donc, pour connaître les effets de l'indépendance sur la nationalité, qui varient selon les hypothèses, de se référer aux traités, conventions internationales ou lois qui les ont réglés.

Il s'agit des textes suivants :

- traité de Versailles du 28 juin 1919 et loi du 22 décembre 1961, modifiée par la loi du 29 juin 1971, concernant les départements du Haut-Rhin, du Bas-Rhin et de la Moselle ;
- traité franco-indien du 2 février 1951 concernant Chandernagor (ex-comptoir français de l'Inde) ;
- convention franco-vietnamienne du 16 août 1955 concernant les personnes originaires du Viêt-nam ;
- traité franco-indien du 28 mai 1956 concernant Pondichéry, Karikal, Mahé et Yanaon (ex-comptoirs français de l'Inde) ;
- loi du 28 juillet 1960 et chapitre VII du titre premier *bis* du livre premier du Code civil concernant les anciennes colonies d'Afrique et Madagascar ;
- ordonnance du 21 juillet 1962, loi du 20 décembre 1966 et chapitre VII du titre premier *bis* du livre premier du Code civil, pour l'Algérie ;

- lois des 3 juillet et 31 décembre 1975 concernant les îles des Comores (sauf Mayotte) ;
- loi du 20 juillet 1977 concernant la République de Djibouti (ex-territoire des Afars et Issas) ;
- ordonnance du 5 septembre 1980 concernant Vanuatu (ex-condominium des Nouvelles-Hébrides).

L'intégralité de ces textes est regroupée dans une publication du ministère de la Justice éditée par la Documentation française et régulièrement remise à jour, l'édition la plus récente étant celle de 2007 (*La Nationalité française. Recueil des textes législatifs et réglementaires, des conventions internationales et autres documents*).

Remarque. – Les dates indiquées ici sont la date de signature des traités et non celle de leur entrée en vigueur, qui peut être plus tardive de quelques mois, voire de quelques années.

4 La preuve de la nationalité française

Il ne suffit pas d'avoir la nationalité française : pour pouvoir bénéficier des avantages et prérogatives qu'elle confère, il faut encore établir qu'on est français. En effet, la charge de la preuve incombe à celui qui se prévaut de cette qualité, et cette preuve, comme l'expérience le montre, n'est pas toujours aisée à rapporter, puisque, en dehors des hypothèses où il existe une preuve préconstituée (naturalisation, déclaration, réintégration), il faut, pour prouver qu'on est français, établir l'existence de toutes les conditions requises par la loi (art. 30-1 du Code civil) **(A)**. Un certain nombre de documents attestent, avec une force probante variable, la qualité de Français, mais leur délivrance est elle-même subordonnée à la capacité de faire la preuve que l'on a la nationalité française **(B)**.

A. Les règles générales de preuve

On se borne ici à mentionner les hypothèses les plus fréquentes. En pratique, les problèmes de preuve sont souvent beaucoup plus complexes : en effet, il ne suffit pas toujours de prouver que l'on est français d'origine ou que l'on a acquis la nationalité française ; il faut parfois encore prouver que l'on n'a pas perdu par la suite cette nationalité, par exemple par mariage à l'époque où les femmes acquéraient la nationalité de leur mari, ou par suite de l'accession à l'indépendance du territoire dont on était originaire. Les difficultés de preuve sont encore accrues dans les collectivités d'outre-mer où l'état civil est souvent récent et lacunaire.

Afin de résoudre les difficultés rencontrées par les personnes ayant acquis la nationalité française pour prouver cette nationalité au moment de l'obtention ou du renouvellement d'un document d'identité, la loi du 16 mars 1998 relative à la nationalité puis la loi du 20 décembre 2007 relative à la simplification du droit ont prévu deux mesures.

- Il est fait mention en marge de l'acte de naissance, outre des actes administratifs et des déclarations ayant pour effet l'acquisition ou la perte de la nationalité française, de toute *première délivrance d'un certificat de nationalité française* et des décisions juridictionnelles ayant trait à cette nationalité (art. 28 du Code civil).

▶▶ La preuve de la nationalité française s'en trouve facilitée puisque la production de l'acte de naissance avec mention de la première délivrance d'un certificat de nationalité française devient suffisante pour obtenir un document d'identité, faisant ainsi échec aux demandes répétées et systématiques des administrations de fournir des certificats de nationalité. Pour autant, toutes les difficultés de preuve ne sont pas résolues :

– d'une part, les délais de délivrance des certificats de nationalité française sont longs, entre plusieurs mois et plusieurs années, pour des raisons liées à la fois au manque d'effectifs et à l'absence de formation des greffiers en chef. Or la loi ne prévoit pas de délai maximal pour la délivrance de ces certificats ;

- d'autre part, le problème des Français nés à l'étranger n'est pas réglé puisqu'ils ne peuvent obtenir la transcription de leur acte de naissance sur les registres d'état civil français sans avoir au préalable apporté la preuve de leur nationalité française.

– Les mentions relatives à la nationalité française sont portées d'office sur les copies et les extraits avec indication de la filiation des actes de naissance. À la demande des intéressés, ces indications sont également portées sur les extraits sans indication de la filiation des actes de naissance ou sur le livret de famille (art. 28-1 du Code civil).

1. La preuve de la nationalité française d'origine

a) Nationalité française par filiation

La preuve de la nationalité française par *filiation* est celle qui soulève le plus de difficultés: il faut en effet établir qu'un des parents au moins de l'intéressé était lui-même français, donc qu'un des grands-parents au moins l'était, et ainsi de suite.

Dans la pratique, il est donc plus simple, pour les Français par filiation, de prouver leur nationalité d'origine en invoquant le double *jus soli* (v. ci-après). Mais il n'est possible de recourir à ce mode de preuve que si les conditions en sont réunies, c'est-à-dire si l'intéressé est né en France et qu'un de ses parents au moins y est également né.

En cas de naissance à l'étranger, la preuve de la nationalité française par filiation peut être très difficile à apporter dès lors que les autorités françaises contestent la validité des actes d'état civil étrangers présentés (acte de naissance de l'enfant, déclaration de reconnaissance, acte de mariage des parents...). Toutefois, conformément à l'article 47 du Code civil, c'est à l'autorité qui conteste la validité d'un acte d'état civil étranger d'apporter la preuve qu'il est irrégulier ou falsifié.

Pour faciliter la preuve de la nationalité française par filiation et pour éviter la recherche d'actes d'état civil sur plusieurs générations, le législateur permet d'invoquer la *possession d'état* : l'article 30-2 du Code civil dispose que lorsque la nationalité française ne peut avoir sa source que dans la filiation, elle est tenue pour établie, sauf preuve contraire, si l'intéressé et celui de ses père et mère qui a été susceptible de la lui transmettre ont joui d'une façon constante de la possession d'état de Français pendant dix ans.

b) Nationalité française par naissance en France

1. Dans l'hypothèse où la nationalité française est attribuée sur le fondement de la *double naissance en France*, il suffit de prouver que l'on est né en France et que l'un au moins de ses parents est né en France (ou en Algérie avant la date d'indépendance ou, pour les personnes nées avant le 1er janvier 1994, dans un territoire qui, au moment de la naissance de ce parent, avait le statut de colonie ou de territoire d'outre-mer) ; (v. *supra*, p. 37 et s.).
   La preuve de la naissance en France de l'intéressé est apportée par la production de son acte de naissance. Bien que l'acte de naissance de l'enfant énonce les date et lieu de naissance des père et mère, la production de l'acte de naissance des parents est néanmoins exigée elle aussi, dans la mesure où l'on estime que seuls ces actes ont valeur probante.
   Si un seul des parents est né en France ou dans un territoire qui avait le statut de colonie ou de territoire d'outre-mer, l'intéressé devra prouver, en produisant une attestation du ministère chargé des naturalisations, qu'il n'a pas souscrit de déclaration de répudiation (v. *supra*, p. 43).
2. Dans l'hypothèse où la nationalité française est attribuée sur le fondement de la *simple naissance* en France, l'intéressé devra alors prouver, outre qu'il est né en France, qu'il remplit l'une des autres conditions posées par la loi (v. *supra*, p. 39-41) : soit il est né de parents inconnus, soit ses parents sont apatrides, soit la législation de l'État d'origine de ses parents ne lui attribue en aucune façon la nationalité de ceux-ci. Dans ce cas, on lui demandera de

produire l'acte de naissance de chacun de ses parents, traduit le cas échéant par les autorités consulaires. La production d'un certificat délivré par ces mêmes autorités attestant l'absence de transmission de la nationalité des parents n'exclut pas des vérifications supplémentaires sur la législation de l'État d'origine des parents par les services compétents de la Chancellerie.

2. La preuve de l'acquisition de la nationalité française

a) Nationalité française acquise sans formalité

Pour faire la preuve qu'elle a acquis la nationalité française, une personne doit établir qu'elle remplit, à l'âge de dix-huit ans, l'ensemble des conditions prévues par la loi, à savoir naissance en France, résidence en France pendant cinq ans entre onze et dix-huit ans et à la date de la majorité, absence de déclaration de renonciation (sur la question de la preuve de la résidence en France, v. *supra* p. 48).

b) Nationalité française résultant d'une manifestation de volonté, d'une déclaration ou d'un décret

Dans ce cas, la preuve de la nationalité française est en général facile à apporter puisqu'il existe un document officiel attestant l'acquisition de la nationalité française. Par ailleurs, depuis la loi du 17 juillet 1978 qui a réformé l'état civil, il est prévu que mention doit être portée, en marge de l'acte de naissance des personnes concernées, des actes administratifs et déclarations ayant pour effet l'acquisition ou la perte de la nationalité française, ainsi que des décisions juridictionnelles ayant trait à cette nationalité.

1. La preuve de la nationalité acquise par *manifestation de volonté entre le 1er janvier 1994 et le 31 août 1998* ou par *déclaration* résulte de la production d'un exemplaire enregistré de celles-ci (v. *supra*, p. 46 et p. 65) ou de la copie intégrale de l'acte de naissance sur lequel elle a été

mentionnée. La preuve de la déclaration peut également résulter de l'extrait d'acte de naissance ou du livret de famille sur lesquels elle a été mentionnée.
À défaut, elle peut résulter de la production d'une attestation constatant que la manifestation de volonté ou la déclaration a été recueillie ou souscrite et enregistrée. Cette attestation est délivrée, à la demande de l'intéressé, de son représentant légal, de ses parents et alliés ou des administrations publiques françaises, par l'autorité qui a procédé à l'enregistrement ou par une autorité centrale désignée par arrêté (art. 9 et 34 du décret du 30 décembre 1993 modifié).

2. La preuve de la nationalité acquise par *naturalisation* résulte de la production de l'ampliation du décret de naturalisation.
À défaut, il est possible de produire une attestation constatant l'existence du décret, délivrée par le ministre chargé des naturalisations, à la demande de l'intéressé, de son représentant légal ou des administrations publiques françaises, ou encore la copie intégrale de l'acte de naissance de l'intéressé, l'extrait de cet acte de naissance ou du livret de famille sur lesquels figure la mention du décret de naturalisation ou de réintégration dans la nationalité française (art. 52 du décret du 30 décembre 1993 modifié).

B. Les documents permettant d'établir la nationalité française

1. Le certificat de nationalité

a) La délivrance du certificat

L'autorité compétente pour délivrer les certificats de nationalité est :

- le greffier en chef du tribunal d'instance compétent en matière de nationalité dans le ressort duquel l'intéressé a son domicile ou, s'il est né en France mais réside à

l'étranger, du tribunal d'instance compétent de son lieu de naissance (le siège et le ressort des tribunaux d'instance compétents en matière de nationalité figurent au tableau IX annexé au Code de l'organisation judiciaire) ;
- le service de la nationalité des Français nés et établis hors de France si l'intéressé est né et réside hors de France (30, rue du Château des Rentiers, 75647 Paris Cedex 13).

Remarque. – Depuis le 1er juin 2009, le Pôle de la nationalité française de Paris (28, rue du Château des Rentiers, 75013 Paris, tél. : 01 44 32 92 90 / 01 44 32 92 92 ; pole-natio.ti-paris01@justice.fr), est seul compétent pour recevoir et traiter les demandes de délivrance de certificat de nationalité française pour : a) les personnes résidant à Paris ; b) celles qui, résidant à l'étranger, sont nées à Paris.

Pour établir le certificat de nationalité, le greffier demande à l'intéressé de produire les documents qui permettent d'établir qu'il a la nationalité française.

Le certificat de nationalité doit indiquer la disposition légale en vertu de laquelle l'intéressé a la qualité de Français, ainsi que les documents qui ont été produits.

La circulaire du 5 mai 1995 relative à la délivrance des certificats de nationalité française rappelle que tout refus de délivrer un certificat doit être écrit, motivé et notifié à l'intéressé par lettre ou de préférence par procès-verbal.

En cas de refus de délivrance d'un certificat de nationalité, un recours hiérarchique peut être exercé auprès du ministre de la Justice (art. 31-3 du Code civil) (sur les recours, v. *infra*, chap. **5**).

b) La force probante du certificat

Le certificat de nationalité fait foi jusqu'à preuve contraire (art. 31-2 du Code civil). La possession d'un certificat de nationalité régulièrement délivré et comportant les mentions prescrites par la loi fait bénéficier son titulaire d'une *présomption de nationalité française*. Elle entraîne donc, en cas de contestation, le renversement de la charge de la preuve : si l'administration conteste la nationalité française de l'intéressé, c'est à elle de prouver qu'il n'a pas cette nationalité.

La durée de validité du certificat n'est pas limitée dans le temps (voir circ. du 5 mai 1995 §1-2 et Rép. min. n° 15583, *JOAN-Questions* du 11 juin 2013, p. 6180). Par ailleurs, l'article 28 du Code civil prévoit qu'il est fait mention, en marge de l'acte de naissance, de toute première délivrance d'un certificat de nationalité française.

Un certificat de nationalité ne peut légalement être retiré que s'il a été obtenu par fraude, et non parce que l'administration estimerait qu'il a été délivré à tort.

▶▶ Il ne faut donc en aucun cas se démunir de cette pièce, même lorsqu'elle est réclamée par l'administration.

2. La carte nationale d'identité

La présentation de la carte nationale d'identité (CNI) en cours de validité dispense de produire un certificat de nationalité française pour attester de cette nationalité dans les procédures administratives courantes (art. 2 du décret du 26 décembre 2000 portant simplification de formalités administratives).

En dehors de cette hypothèse, lorsqu'il s'agit par exemple de l'accès à la fonction publique, la carte d'identité n'a pas de valeur probante.

Elle reste toutefois un élément important pour établir la possession d'état de Français (v. *supra*, p. 59).

La délivrance de la carte nationale d'identité est elle-même subordonnée à la vérification préalable de la qualité de Français. Pour tenter de résoudre les difficultés récurrentes rencontrées par les personnes souhaitant obtenir la délivrance ou le renouvellement de leur CNI, et qui se sont aggravées avec la mise en place de la carte d'identité informatisée, des mesures de simplification sont intervenues visant à faciliter la preuve de la nationalité française.

Plusieurs circulaires, notamment une circulaire conjointe des ministères des Affaires étrangères et de l'Intérieur du 1er mars 2010 (circ. NOR: IOCK 1002582C), puis le décret du 18 mai 2010 relatif à la simplification de la procédure de délivrance et de renouvellement de la carte nationale d'identité et du passeport ont posé un certain nombre de règles en la matière, de sorte que la production d'un certificat de nationalité ne devrait être requise qu'en tout dernier recours.

Le décret du 22 octobre 1955 sur la carte d'identité modifié par le décret du 18 mai 2010 pose les règles suivantes.

• Concernant la *première délivrance* de la CNI, la preuve de la nationalité française peut être apportée par la production:

- d'un passeport délivré sur le fondement du décret du 30 décembre 2005 (passeport électronique);
- d'un passeport délivré antérieurement, valide ou périmé depuis moins de deux ans à la date de la demande – sous réserve toutefois, dans ce cas, de la vérification des informations produites à l'appui de la demande de cet ancien titre;
- d'un extrait d'acte de naissance de moins de trois mois, comportant l'indication de la filiation (ou, à défaut, de la copie intégrale de l'acte de mariage). L'acte de naissance permet notamment de constater que le demandeur est né en France d'un parent lui-même né en France, ou bien les mentions inscrites en marge de l'acte d'état civil attestent de l'acquisition de la nationalité française par décret, par mariage, ou de la délivrance d'un premier certificat de nationalité française (v. *supra*, p. 128);
- par la production d'une pièce justifiant de la déclaration de nationalité ou de la naturalisation (v. *supra*, p. 131-132).

En l'absence de ces documents, le demandeur peut justifier d'une possession d'état de Français de plus de dix ans, en produisant notamment une ancienne carte d'identité périmée accompagnée d'autres documents – tels qu'un passeport ou une carte d'électeur (v. *supra*, p. 59).

C'est uniquement si le demandeur ne peut produire aucune des pièces énumérées qu'il doit produire un certificat de nationalité française.

• Pour le *renouvellement* de la carte d'identité plastifiée le demandeur n'a plus en principe à justifier de sa nationalité.

En pratique, la délivrance d'une carte d'identité et parfois son renouvellement continuent à être soumis à des exigences très variables selon les préfectures, parfois excessives et souvent perçues, à tort ou à raison, comme discriminatoires à l'égard des personnes nées à l'étranger ou dont les parents sont d'origine étrangère.

Remarque. – Le décret du 26 décembre 2000 portant simplification de formalités administratives ne cite pas le *passeport* parmi les pièces attestant de la nationalité française dans les procédures administratives courantes, au même titre que la carte nationale d'identité. Toutefois, dans la mesure où la délivrance du nouveau passeport électronique est subordonnée à la production des pièces justificatives de la nationalité française (art. 5 du décret du 30 décembre 2005 relatif aux passeports) et où la production de ce document est suffisante pour obtenir la délivrance d'une carte d'identité, il devrait logiquement et *a fortiori* permettre de prouver la nationalité française dans les procédures courantes.

5 Les recours

Les *recours administratifs* sont adressés à l'administration elle-même afin qu'elle revienne sur sa décision **(A)**. Il existe deux types de recours administratifs : le *recours gracieux*, adressé à l'autorité qui a pris et signé la décision ; le *recours hiérarchique*, adressé à l'autorité hiérarchiquement supérieure à celle qui a pris la décision (en général, le ministre). Les recours administratifs sont simples à mettre en œuvre et sont susceptibles d'aboutir plus rapidement... s'ils aboutissent, car cela suppose que l'administration reconnaisse qu'elle s'est trompée ou qu'elle a été trop sévère.

Toute décision défavorable de l'administration peut aussi faire l'objet d'un *recours juridictionnel* (dit aussi *recours contentieux*) devant le juge judiciaire ou devant le juge administratif selon le cas **(B)**. Le recours contentieux donne des garanties d'impartialité plus importantes que les recours administratifs et donc plus de chances d'obtenir satisfaction. Mais il suppose dans certains cas l'assistance d'un avocat, et les délais de jugement sont longs.

A. Les recours gracieux et hiérarchiques

1. Les recours auprès du ministre de la Justice

Le ministre de la Justice (bureau de la nationalité) est compétent pour connaître de tout recours hiérarchique :

- contre les décisions de refus de délivrance de certificat de nationalité française ;
- contre les décisions de refus d'enregistrement de déclaration prises par les greffiers en chef des tribunaux d'instance.

La contestation d'un refus de délivrance d'un certificat de nationalité française n'est enfermée dans aucun délai. En revanche, le recours contre une décision de refus d'enregistrement de déclaration doit être introduit dans un délai de six mois. Il ne suspend pas le délai du recours contentieux, qui est également de six mois (v. ci-après, **B**).

Pour en conserver la preuve, le recours doit être fait par lettre recommandée avec accusé de réception. Il n'est soumis à aucune forme mais doit impérativement être signé par le requérant si celui-ci n'a pas d'avocat. Il peut s'accompagner d'une demande de dommages et intérêts.

Il se révèle utile lorsque l'illégalité de la décision contestée est flagrante (application de la mauvaise loi, conditions exigées illégales, erreur sur les faits) et permet, éventuellement, de régler une situation rapidement en évitant une longue procédure contentieuse (de six mois à deux ans).

2. Les recours auprès du ministre chargé des naturalisations

On peut saisir le ministre chargé des naturalisations (aujourd'hui, le ministre de l'Intérieur, sous-Direction de l'accès à la nationalité française) d'un recours hiérarchique à la suite d'une décision de refus ou d'ajournement en matière de naturalisation et de réintégration. Ce recours est le *préalable obligatoire à tout recours contentieux*.

Pour conserver le délai du recours contentieux, le recours hiérarchique doit être introduit dans le délai de deux mois à compter de la notification de la décision de refus. Le délai du recours contentieux ne commencera à courir que le jour de la notification de la décision du ministre ou, si celui-ci ne répond pas, à l'expiration d'un délai de quatre mois à compter du jour où le recours est parvenu à son destinataire. Pour en conserver la preuve, le recours doit être fait par lettre recommandée avec avis de réception et doit être signé par le requérant si celui-ci n'a pas d'avocat.

▶▶ Il est possible de faire un recours gracieux contre le refus d'enregistrement d'une déclaration acquisitive de nationalité par mariage pour demander au ministre de réexaminer sa décision (v. *supra*, p. 66). Mais ce recours ne conserve pas le délai du recours contentieux, qui est de six mois, devant le tribunal de grande instance (v. *infra*, p. 141).

B. Les recours contentieux

Le principe est que les tribunaux de grande instance sont seuls compétents, en première instance, pour connaître des contestations sur la nationalité des personnes physiques (art. 29 du Code civil), avec possibilité d'appel devant la cour d'appel, puis de recours en cassation. Le tableau VIII annexé au Code de l'organisation judiciaire définit le siège et le ressort des tribunaux de grande instance spécialement compétents pour connaître des contestations en matière de nationalité. Les recours doivent être introduits par ministère d'avocat, mais il est possible d'obtenir l'aide juridictionnelle.

Mais les tribunaux administratifs et le Conseil d'État restent compétents pour connaître des recours contre certains des actes administratifs qui interviennent en la matière. Devant les juridictions administratives, le recours pour excès de pouvoir est dispensé de ministère d'avocat.

1. Les recours relevant du tribunal de grande instance

a) L'action déclaratoire ou négatoire de nationalité française

L'objet de cette action, prévue par l'article 29-3 du Code civil, est de faire juger que telle personne a ou n'a pas la nationalité française. L'intéressé peut intenter lui-même cette action pour faire fixer sa nationalité.

Cette action doit notamment être exercée lorsque l'intéressé se heurte à un *refus de délivrance d'un certificat de nationalité française.* Le Conseil d'État a en effet jugé que les juridictions administratives étaient incompétentes pour connaître du recours dirigé contre un tel refus (*CE 17 mars 1995, M. Soilihi,* req. n° 130 791) : il n'y a donc pas d'autre voie, dans ce cas, que de saisir le tribunal de grande instance d'une action en déclaration de nationalité. Le Conseil d'État ne peut pas non plus être saisi en référé lorsque les démarches auprès de diverses administrations pour le renouvellement d'un passeport et d'une carte d'identité n'ont pas abouti (*CE réf., 12 mars 2009, Zbairi, req. n° 325.939*).

Cette action peut également être exercée lorsqu'on n'obtient aucune réponse à une demande de délivrance d'un certificat de nationalité française au bout de plusieurs mois, voire plusieurs années.

b) Le recours contre le refus d'enregistrement d'une déclaration (art. 26-3 du Code civil)

Il peut s'agir d'une déclaration de répudiation, d'une déclaration de renonciation à la faculté de répudiation, d'une déclaration en vue de réclamer la nationalité française, d'une déclaration en vue d'être réintégré dans la nationalité française, d'une déclaration de perte de la nationalité française.

La personne qui se voit refuser l'enregistrement de sa déclaration peut, dans le délai de six mois à compter de la notification de la décision de refus, engager une action à l'encontre du procureur de la République devant le tribunal de grande instance.

Cette action se fait par voie d'assignation qui doit être « placée » (déposée) auprès du greffe du tribunal de grande instance dans le délai de quatre mois. Un double de l'assignation doit être adressé par lettre recommandée avec avis de réception au ministère de la Justice (Bureau de la nationalité), qui délivrera le récépissé indispensable à la recevabilité de la procédure.

Le dépôt d'une demande d'aide juridictionnelle suspend ce délai qui court de nouveau à compter de la notification de la décision de désignation de l'avocat. En revanche un recours administratif formé dans ce délai n'est pas suspensif.

Le mineur de plus de seize ans peut exercer personnellement cette action, sans autorisation de ses parents.

c) Les questions préjudicielles

Les questions de nationalité étant de la compétence exclusive du tribunal de grande instance, lorsqu'une autre juridiction – à l'exception d'une cour d'assises – est confrontée à une question de nationalité, elle doit surseoir à statuer lorsque s'élève une contestation sérieuse portant sur la nationalité d'un individu et soumettre la question au tribunal de grande instance. Lorsque la question de la nationalité est soulevée par l'une des parties, le tribunal fixe à l'intéressé un délai pour saisir le tribunal de grande instance (en règle générale, de un à quatre mois).

Ainsi en est-il devant le tribunal correctionnel lorsque la personne poursuivie pour infraction à un arrêté d'expulsion soutient qu'elle est française, ou devant la chambre d'accusation lorsque la personne qui fait l'objet d'une demande d'extradition prétend qu'elle a la nationalité française et ne peut donc être extradée.

De même une question relative à la nationalité peut se poser lorsqu'une personne fait l'objet d'une mesure d'éloignement. La juridiction administrative doit surseoir à statuer lorsque la personne concernée fait état d'éléments sérieux laissant penser qu'elle pourrait prétendre à la nationalité française – et ce, quand bien même aucune demande n'aurait été déposée auprès d'un tribunal d'instance ou devant le tribunal de grande instance (en ce sens : *CAA Marseille, 1er juin 2010, n° 09MA02797*).

2. Les recours relevant des juridictions administratives

a) Le recours contre le refus de délivrer une copie de la déclaration enregistrée après l'expiration du délai légal

Alors que le tribunal de grande instance est seul compétent pour apprécier le bien-fondé d'un refus d'enregistrement notifié à l'intérieur du délai de six mois ou d'un an (v. ci-dessus, **1. b**), le refus – explicite ou implicite, c'est-à-dire découlant du silence gardé pendant deux mois par l'autorité compétente sur une demande qui lui est adressée en ce sens – de délivrer une copie de la déclaration enregistrée après l'expiration du délai légal peut être contesté devant le tribunal administratif par la voie du recours pour excès de pouvoir. Ce refus, qu'il émane du greffier en chef du tribunal d'instance, du ministre de la Justice (lorsque la déclaration est souscrite à l'étranger) ou du ministre chargé des naturalisations (dans le cas du mariage), constitue en effet une décision administrative illégale, puisque, une fois le délai écoulé, l'enregistrement est de droit (v. *supra*, p. 70).

b) Le recours contre le décret d'opposition gouvernementale à l'acquisition de la nationalité française par déclaration après mariage

(v. p. 70).

c) Le recours contre la décision déclarant irrecevable une demande de naturalisation ou de réintégration, ou bien la rejetant ou l'ajournant

(v. p. 98).

d) Le recours contre la décision refusant la libération des liens d'allégeance

(v. p. 117).

e) Le recours contre le décret de perte ou de déchéance de la nationalité française, ou contre le décret retirant le décret de naturalisation ou de réintégration

(v. p. 119 et s.).

Les règles de compétence au sein de la juridiction administrative

1) Les *décrets* doivent être déférés directement devant le *Conseil d'État*.

2) En ce qui concerne les autres décisions émanant de l'administration, la juridiction compétente en première instance est le *tribunal administratif*, avec possibilité d'appel devant la Cour administrative d'appel et éventuellement d'un recours en cassation devant le Conseil d'État. Lorsque les décisions sont prises au niveau de la sous-direction de l'accès à la nationalité française, le tribunal administratif et la Cour administrative d'appel compétents sont ceux de Nantes où est installé ce service.

Annexes

Annexe 1

CODE CIVIL
Dispositions relatives à la nationalité française
Livre 1er des personnes
Titre 1er *bis* de la nationalité française

Chapitre I
Dispositions générales

Art. 17 – La nationalité française est attribuée, s'acquiert ou se perd selon les dispositions fixées par le présent titre, sous la réserve de l'application des traités et autres engagements internationaux de la France.

Art. 17-1 – Les lois nouvelles relatives à l'attribution de la nationalité d'origine s'appliquent aux personnes encore mineures à la date de leur entrée en vigueur, sans préjudicier aux droits acquis par des tiers et sans que la validité des actes passés antérieurement puisse être contestée pour cause de nationalité.

Les dispositions de l'alinéa précédent s'appliquent, à titre interprétatif, aux lois sur la nationalité d'origine qui ont été mises en vigueur après la promulgation du titre premier du présent code.

Art. 17-2 – L'acquisition et la perte de la nationalité française sont régies par la loi en vigueur au temps de l'acte ou du fait auquel la loi attache ces effets.

Les dispositions de l'alinéa qui précède règlent, à titre interprétatif, l'application dans le temps des lois sur la nationalité qui ont été en vigueur avant le 19 octobre 1945.

Art. 17-3 – Les demandes en vue d'acquérir, de perdre la nationalité française ou d'être réintégré dans cette nationalité, ainsi que les déclarations de nationalité, peuvent, dans les conditions prévues par la loi, être faites, sans autorisation, dès l'âge de seize ans.

Le mineur âgé de moins de seize ans doit être représenté par celui ou ceux qui exercent à son égard l'autorité parentale.

Doit être pareillement représenté tout mineur dont l'altération des facultés mentales ou corporelles empêche l'expression de la volonté. L'empêchement est constaté par le juge des tutelles d'office, à la requête d'un membre de la famille du mineur ou du ministère public, au vu d'un certificat délivré par un médecin spécialiste choisi sur une liste établie par le procureur de la République.

Lorsque le mineur mentionné à l'alinéa précédent est placé sous tutelle, sa représentation est assurée par le tuteur autorisé à cet effet par le conseil de famille.

Art. 17-4 – Au sens du présent titre, l'expression « en France » s'entend du territoire métropolitain, des départements et des collectivités d'outre-mer ainsi que de la Nouvelle-Calédonie et des Terres australes et antarctiques françaises.

Art. 17-5 – Dans le présent titre, majorité et minorité s'entendent au sens de la loi française.

Art. 17-6 – Il est tenu compte, pour la détermination, à toute époque, du territoire français, des modifications résultant des actes de l'autorité publique française pris en application de la Constitution et des lois, ainsi que des traités internationaux survenus antérieurement.

Art. 17-7 – Les effets sur la nationalité française des annexions et cessions de territoires sont réglés par les dispositions qui suivent, à défaut de stipulations conventionnelles.

Art. 17-8 – Les nationaux de l'État cédant domiciliés dans les territoires annexés au jour du transfert de la souveraineté acquièrent la nationalité française, à moins qu'ils n'établissent effectivement leur domicile hors de ces territoires. Sous la même réserve, les nationaux français domiciliés dans les territoires cédés au jour du transfert de la souveraineté perdent cette nationalité.

Art. 17-9 – Les effets sur la nationalité française de l'accession à l'indépendance d'anciens départements ou territoires d'outre-mer de la République sont déterminés au chapitre VII du présent titre.

Art. 17-10 – Les dispositions de l'article 17-8 s'appliquent, à titre interprétatif, aux changements de nationalité consécutifs aux annexions et cessions de territoires résultant de traités antérieurs au 19 octobre 1945.

Toutefois, les personnes étrangères qui étaient domiciliées dans les territoires rétrocédés par la France, conformément au traité de Paris du 30 mai 1814, et qui, à la suite de ce traité, ont transféré en France leur domicile, n'ont pu acquérir, de ce chef, la nationalité française que si elles se sont conformées aux dispositions de la loi du 14 octobre 1814. Les Français qui étaient nés hors des territoires rétrocédés et qui ont conservé leur domicile sur ces territoires n'ont pas perdu la nationalité française, par application du traité susvisé.

Art. 17-11 – Sans qu'il soit porté atteinte à l'interprétation donnée aux accords antérieurs, un changement de nationalité ne peut en aucun cas résulter d'une convention internationale si celle-ci ne le prévoit expressément.

Art. 17-12 – Lorsqu'un changement de nationalité est subordonné, dans les termes d'une convention internationale, à l'accomplissement d'un acte d'option, cet acte est déterminé dans sa forme par la loi de celui des pays contractants dans lequel il est institué.

Chapitre II
De la nationalité française d'origine

Section I
Des Français par filiation

Art. 18 – Est français l'enfant dont l'un des parents au moins est français.

Art. 18-1 – Toutefois, si un seul des parents est français, l'enfant qui n'est pas né en France a la faculté de répudier la qualité de Français dans les six mois précédant sa majorité et dans les douze mois la suivant.

Cette faculté se perd si le parent étranger ou apatride acquiert la nationalité française durant la minorité de l'enfant.

Section II
Des Français par la naissance en France

Art. 19 – Est français l'enfant né en France de parents inconnus.

Toutefois, il sera réputé n'avoir jamais été français si, au cours de sa minorité, sa filiation est établie à l'égard d'un étranger et s'il a, conformément à la loi nationale de son auteur, la nationalité de celui-ci.

Art. 19-1 – Est français :

1° l'enfant né en France de parents apatrides ;

2° l'enfant né en France de parents étrangers pour lequel les lois étrangères de nationalité ne permettent en aucune manière qu'il se voie transmettre la nationalité de l'un ou l'autre de ses parents.

Toutefois, il sera réputé n'avoir jamais été français si, au cours de sa minorité, la nationalité étrangère acquise ou possédée par l'un de ses parents vient à lui être transmise.

Art. 19-2 – Est présumé né en France l'enfant dont l'acte de naissance a été dressé conformément à l'article 58 du présent code.

Art. 19-3 – Est français l'enfant né en France lorsque l'un de ses parents au moins y est lui-même né.

Art. 19-4 – Toutefois, si un seul des parents est né en France, l'enfant français en vertu de l'article 19-3 a la faculté de répudier cette qualité dans les six mois précédant sa majorité et dans les douze mois la suivant.

Cette faculté se perd si l'un des parents acquiert la nationalité française durant la minorité de l'enfant.

Section III
Dispositions communes

Art. 20 – L'enfant qui est français en vertu des dispositions du présent chapitre est réputé avoir été français dès sa naissance, même si l'existence des conditions requises par la loi pour l'attribution de la nationalité française n'est établie que postérieurement.

La nationalité de l'enfant qui a fait l'objet d'une adoption plénière est déterminée selon les distinctions établies aux articles 18 et 18-1, 19-1, 19-3 et 19-4 ci-dessus.

Toutefois, l'établissement de la qualité de Français postérieurement à la naissance ne porte pas atteinte à la validité des actes antérieurement passés par l'intéressé ni aux droits antérieurement acquis à des tiers sur le fondement de la nationalité apparente de l'enfant.

Art. 20-1 – La filiation de l'enfant n'a d'effet sur la nationalité de celui-ci que si elle est établie durant sa minorité.

Art. 20-2 – Le Français qui possède la faculté de répudier la nationalité française dans les cas visés au présent titre peut exercer cette faculté par déclaration souscrite conformément aux articles 26 et suivants.

Il peut renoncer à cette faculté à partir de l'âge de seize ans dans les mêmes conditions.

Art. 20-3 – Dans les cas visés à l'article précédent, nul ne peut répudier la nationalité française s'il ne prouve qu'il a par filiation la nationalité d'un pays étranger.

Art. 20-4 – Le Français qui contracte un engagement dans les armées françaises perd la faculté de répudiation.

Art. 20-5 – Les dispositions contenues dans les articles 19-3 et 19-4 ne sont pas applicables aux enfants nés en France des agents diplomatiques ou des consuls de carrière de nationalité étrangère.

Ces enfants ont toutefois la faculté d'acquérir volontairement la qualité de Français conformément aux dispositions de l'article 21-11 ci-après.

Chapitre III
De l'acquisition de la nationalité française

Section I
Des modes d'acquisition de la nationalité française

Paragraphe I:
Acquisition de la nationalité française à raison de la filiation

Art. 21 – L'adoption simple n'exerce de plein droit aucun effet sur la nationalité de l'adopté.

Paragraphe II : Acquisition de la nationalité française à raison du mariage

Art. 21-1 – Le mariage n'exerce de plein droit aucun effet sur la nationalité.

Art. 21-2 – L'étranger ou apatride qui contracte mariage avec un conjoint de nationalité française peut, après un délai de quatre ans à compter du mariage, acquérir la nationalité française par déclaration, à condition qu'à la date de cette déclaration la communauté de vie tant affective que matérielle n'ait pas cessé entre les époux depuis le mariage et que le conjoint français ait conservé sa nationalité.

Le délai de communauté de vie est porté à cinq ans lorsque l'étranger, au moment de sa déclaration, soit ne justifie pas avoir résidé de manière ininterrompue et régulière pendant au moins trois ans en France à compter du mariage, soit n'est pas en mesure d'apporter la preuve que son conjoint français a été inscrit pendant la durée de leur communauté de vie à l'étranger au registre des Français établis hors de France. En outre, le mariage célébré à l'étranger doit avoir fait l'objet d'une transcription préalable sur les registres de l'état civil français.

Le conjoint étranger doit également justifier d'une connaissance suffisante, selon sa condition, de la langue française dont le niveau et les modalités d'évolution sont fixés par décret en Conseil d'État.

Art. 21-3 – Sous réserve des dispositions prévues aux articles 21-4 et 26-3, l'intéressé acquiert la nationalité française à la date à laquelle la déclaration a été souscrite.

Art. 21-4 – Le gouvernement peut s'opposer, par décret en Conseil d'État, pour indignité ou défaut d'assimilation, autre que linguistique, à l'acquisition de la nationalité française par le conjoint étranger dans un délai de deux ans à compter de la date du récépissé prévu au deuxième alinéa de l'article 26 ou, si l'enregistrement a été refusé, à compter du jour où la décision judiciaire admettant la régularité de la déclaration est passée en force de chose jugée.

La situation effective de polygamie du conjoint étranger ou la condamnation prononcée à son encontre au titre de l'infraction définie à l'article 222-9 du code pénal, lorsque celle-ci a été commise sur un mineur de quinze ans, sont constitutives du défaut d'assimilation.

En cas d'opposition du gouvernement, l'intéressé est réputé n'avoir jamais acquis la nationalité française.

Toutefois, la validité des actes passés entre la déclaration et le décret d'opposition ne pourra être contestée pour le motif que l'auteur n'a pu acquérir la nationalité française.

Art. 21-5 – Le mariage déclaré nul par une décision émanant d'une juridiction française ou d'une juridiction étrangère dont l'autorité est reconnue en France ne rend pas caduque la déclaration prévue à l'article 21-2 au profit du conjoint qui l'a contracté de bonne foi.

Art. 21-6 – L'annulation du mariage n'a point d'effet sur la nationalité des enfants qui en sont issus.

Paragraphe III : Acquisition de la nationalité française à raison de la naissance et de la résidence en France

Art. 21-7 – Tout enfant né en France de parents étrangers acquiert la nationalité française à sa majorité si, à cette date, il a en France sa résidence et s'il a eu sa résidence habituelle en France pendant une période continue ou discontinue d'au moins cinq ans, depuis l'âge de onze ans.

Les tribunaux d'instance, les collectivités territoriales, les organismes et services publics, et notamment les établissements d'enseignement, sont tenus d'informer le public, et en particulier les personnes auxquelles s'applique le premier alinéa, des dispositions en vigueur en matière de nationalité. Les conditions de cette information sont fixées par décret en Conseil d'État.

Art. 21-8 – L'intéressé a la faculté de déclarer, dans les conditions prévues aux articles 26 et suivants et sous réserve qu'il prouve qu'il a la nationalité d'un État étranger, qu'il décline la qualité de Français dans les six mois qui précèdent sa majorité ou dans les douze mois qui la suivent.

Dans ce dernier cas, il est réputé n'avoir jamais été français.

Art. 21-9 – Toute personne qui remplit les conditions prévues à l'article 21-7 pour acquérir la qualité de Français perd la faculté de décliner celle-ci si elle contracte un engagement dans les armées françaises.

Tout mineur né en France de parents étrangers, qui est régulièrement incorporé en qualité d'engagé, acquiert la nationalité française à la date de son incorporation.

Art. 21-10 – Les dispositions des articles 21-7 à 21-9 ne sont pas applicables aux enfants nés en France des agents diplomatiques et des consuls de carrière de nationalité étrangère. Ces enfants ont toutefois la faculté d'acquérir volontairement la nationalité française conformément aux dispositions de l'article 21-11 ci-après.

Art. 21-11 – L'enfant mineur né en France de parents étrangers peut, à partir de l'âge de seize ans, réclamer la nationalité française par déclaration, dans les conditions prévues aux articles 26 et suivants, si, au moment de sa déclaration, il a en France sa résidence et s'il a eu sa résidence habituelle en France pendant une période continue ou discontinue d'au moins cinq ans, depuis l'âge de onze ans.

Dans les mêmes conditions, la nationalité française peut être réclamée, au nom de l'enfant mineur né en France de parents étrangers, à partir de l'âge de treize ans et avec son consentement personnel, la condition de résidence habituelle en France devant alors être remplie à partir de l'âge de huit ans. Le consentement du mineur est requis, sauf s'il est empêché d'exprimer sa volonté par une altération de ses facultés mentales ou corporelles constatée selon les modalités prévues au troisième alinéa de l'article 17-3.

Paragraphe IV : Acquisition de la nationalité française par déclaration de nationalité

Art. 21-12 – L'enfant qui a fait l'objet d'une adoption simple par une personne de nationalité française peut, jusqu'à sa majorité, déclarer, dans les conditions prévues aux articles 26 et suivants, qu'il réclame la qualité de Français, pourvu qu'à l'époque de sa déclaration il réside en France.

Toutefois, l'obligation de résidence est supprimée lorsque l'enfant a été adopté par une personne de nationalité française n'ayant pas sa résidence habituelle en France.

Peut, dans les mêmes conditions, réclamer la nationalité française :

1° l'enfant qui, depuis au moins cinq années, est recueilli en France et élevé par une personne de nationalité française ou qui, depuis au moins trois années, est confié au service de l'Aide sociale à l'enfance ;

2° l'enfant recueilli en France et élevé dans des conditions lui ayant permis de recevoir, pendant cinq années au moins, une formation française, soit par un organisme public, soit par un organisme privé présentant les caractéristiques déterminées par un décret en Conseil d'État.

Art. 21-13 – Peuvent réclamer la nationalité française par déclaration souscrite conformément aux articles 26 et suivants les personnes qui ont joui, d'une façon constante, de la possession d'état de Français pendant les dix années précédant leur déclaration.

Lorsque la validité des actes passés antérieurement à la déclaration était subordonnée à la possession de la nationalité française, cette validité ne peut être contestée pour le seul motif que le déclarant n'avait pas cette nationalité.

Art. 21-14 – Les personnes qui ont perdu la nationalité française en application de l'article 23-6 ou à qui a été opposée la fin de non-recevoir prévue par l'article 30-3 peuvent réclamer la nationalité française par déclaration souscrite conformément aux articles 26 et suivants.

Elles doivent avoir soit conservé ou acquis avec la France des liens manifestes d'ordre culturel, professionnel, économique ou familial, soit effectivement accompli des services militaires dans une unité de l'armée française ou combattu dans les armées françaises ou alliées en temps de guerre.

Les conjoints survivants des personnes qui ont effectivement accompli des services militaires dans une unité de l'armée française ou combattu dans les armées françaises ou alliées en temps de guerre peuvent également bénéficier des dispositions du premier alinéa du présent article.

Paragraphe V : Acquisition de la nationalité française par décision de l'autorité publique

Art. 21-14-1 – La nationalité française est conférée par décret, sur proposition du ministre de la Défense, à tout étranger engagé dans les armées françaises qui a été blessé en mission au cours ou à l'occasion d'un engagement opérationnel et qui en fait la demande.

En cas de décès de l'intéressé, dans les conditions prévues au premier alinéa, la même procédure est ouverte à ses enfants mineurs qui, au jour du décès, remplissaient la condition de résidence prévue à l'article 22-1.

Art. 21-15 – Hors le cas prévu à l'article 21-14-1, l'acquisition de la nationalité française par décision de l'autorité publique résulte d'une naturalisation accordée par décret à la demande de l'étranger.

Art. 21-16 – Nul ne peut être naturalité s'il n'a en France sa résidence au moment de la signature du décret de naturalisation.

Art. 21-17 – Sous réserve des exceptions prévues aux articles 21-18, 21-19 et 21-20, la naturalisation ne peut être accordée qu'à l'étranger justifiant d'une résidence habituelle en France pendant les cinq années qui précèdent le dépôt de la demande.

Art. 21-18 – Le stage mentionné à l'article 21-17 est réduit à deux ans:

1° pour l'étranger qui a accompli avec succès deux années d'études supérieures en vue d'acquérir un diplôme délivré par une université ou un établissement d'enseignement supérieur français;

2° pour celui qui a rendu ou qui peut rendre par ses capacités et ses talents des services importants à la France.

3° pour l'étranger qui présente un parcours exceptionnel d'intégration, apprécié au regard des activités menées ou des actions accomplies dans les domaines civique, scientifique, économique, culturel ou sportif.

Art. 21-19 – Peut être naturalisé sans condition de stage:

1° alinéa abrogé;

2° alinéa abrogé;

3° alinéa abrogé;

4° l'étranger qui a effectivement accompli des services militaires dans une unité de l'armée française ou qui, en temps de guerre, a contracté un engagement volontaire dans les armées françaises ou alliées;

5° alinéa abrogé;

6° l'étranger qui a rendu des services exceptionnels à la France ou celui dont la naturalisation présente pour la France un intérêt exceptionnel. Dans ce cas, le décret de naturalisation ne peut être accordé qu'après avis du Conseil d'État sur le rapport motivé du ministre compétent;

7° l'étranger qui a obtenu le statut de réfugié en application de la loi n° 52-893 du 25 juillet 1952 portant création d'un Office français de protection des réfugiés et apatrides.

Art. 21-20 – Peut être naturalisée sans condition de stage la personne qui appartient à l'entité culturelle et linguistique française, lorsqu'elle est ressortissante des territoires ou États dont la langue officielle ou l'une des langues officielles est le français, soit lorsque le français est sa langue maternelle, soit lorsqu'elle justifie d'une scolarisation minimale de cinq années dans un établissement enseignant en langue française.

Art. 21-21 – La nationalité française peut être conférée par naturalisation sur proposition du ministre des Affaires étrangères à tout étranger francophone qui en fait la demande et qui contribue par son action émérite au rayonnement de la France et à la prospérité de ses relations économiques internationales.

Art. 21-22 – Nul ne peut être naturalisé s'il n'a atteint l'âge de dix-huit ans.

Toutefois, la naturalisation peut être accordée à l'enfant mineur resté étranger bien que l'un de ses parents ait acquis la nationalité française s'il justifie avoir résidé en France avec ce parent durant les cinq années précédant le dépôt de la demande.

Art. 21-23 – Nul ne peut être naturalisé s'il n'est pas de bonnes vie et mœurs ou s'il a fait l'objet de l'une des condamnations visées à l'article 21-27 du présent titre.

Les condamnations prononcées à l'étranger pourront toutefois ne pas être prises en considération ; en ce cas, le décret prononçant la naturalisation ne pourra être pris qu'après avis conforme du Conseil d'État.

Art. 21-24 – Nul ne peut être naturalisé s'il ne justifie de son assimilation à la communauté française, notamment par une connaissance suffisante, selon sa condition, de la langue , de l'histoire, de la culture et de la société françaises, dont le niveau et les modalités d'évaluation sont fixés par décret en Conseil d'État, et des droits et devoirs conférés par la nationalité française ainsi que par l'adhésion aux principes et aux valeurs essentiels de la République.

À l'issue du contrôle de son assimilation, l'intéressé signe la charte des droits et devoirs du citoyen français. Cette charte, approuvée par décret en Conseil d'État, rappelle les principes, valeurs et symboles essentiels de la République française.

Art. 21-24-1 – La condition de connaissance de la langue française ne s'applique pas aux réfugiés politiques et apatrides résidant régulièrement et habituellement en France depuis quinze années au moins et âgés de plus de soixante-dix ans.

Art. 21-25 – Les conditions dans lesquelles s'effectuera le contrôle de l'assimilation et de l'état de santé de l'étranger en instance de naturalisation seront fixées par décret.

Art. 21-25-1 – La réponse de l'autorité publique à une demande d'acquisition de la nationalité française par naturalisation doit intervenir au plus tard dix-huit mois à compter de la remise de toutes les pièces nécessaires à la constitution d'un dossier complet contre laquelle un récépissé est délivré immédiatement.

Le délai visé au premier alinéa est réduit à douze mois lorsque l'étranger en instance de naturalisation justifie avoir en France sa résidence habituelle depuis une période d'au moins dix ans au jour de cette remise.

Les délais précités peuvent être prolongés une fois, par décision motivée, pour une période de trois mois.

Paragraphe VI : Dispositions communes à certains modes d'acquisition de la nationalité française

Art. 21-26 – Est assimilé à la résidence en France lorsque cette résidence constitue une condition de l'acquisition de la nationalité française :

1° le séjour hors de France d'un étranger qui exerce une activité professionnelle publique ou privée pour le compte de l'État français ou d'un organisme dont l'activité présente un intérêt particulier pour l'économie ou la culture française ;

2° le séjour dans les pays en union douanière avec la France qui sont désignés par décret ;

3° la présence hors de France, en temps de paix comme en temps de guerre, dans une formation régulière de l'armée française ou au titre des obligations prévues par le livre II du Code du service national ;

4° le séjour hors de France en qualité de volontaire du service national.

L'assimilation de résidence qui profite à l'un des époux s'étend à l'autre s'ils habitent effectivement ensemble.

Art. 21-27 – Nul ne peut acquérir la nationalité française ou être réintégré dans cette nationalité s'il a été l'objet soit d'une condamnation pour crimes ou délits constituant une atteinte aux intérêts fondamentaux de la nation ou un acte de terrorisme, soit, quelle que soit l'infraction considérée, s'il a été condamné à une peine égale ou supérieure à six mois d'emprisonnement, non assortie d'une mesure de sursis.

Il en est de même de celui qui a fait l'objet soit d'un arrêté d'expulsion non expressément rapporté ou abrogé ou d'une interdiction du territoire français non entièrement exécutée.

Il en est de même de celui dont le séjour en France est irrégulier au regard des lois et conventions relatives au séjour des étrangers en France.

Les dispositions du présent article ne sont pas applicables à l'enfant mineur susceptible d'acquérir la nationalité française en application des articles 21-7, 21-11, 21-12 et 22-1, ni au condamné ayant bénéficié d'une réhabilitation de plein droit ou d'une réhabilitation judiciaire conformément aux dispositions de l'article 133-12 du code pénal, ou dont la mention de la condamnation a été exclue du bulletin n° 2 du casier judiciaire, conformément aux dispositions des articles 775-1 et 775-2 du code de procédure pénale.

Art. 21-27-1 – Lors de son acquisition de la nationalité française par décision de l'autorité publique ou par déclaration, l'intéressé indique à l'autorité compétente la ou les nationalités qu'il possède déjà, la ou les nationalités qu'il conserve en plus de la nationalité française ainsi que la ou les nationalités auxquelles il entend renoncer.

Paragraphe VII : De la cérémonie d'accueil dans la citoyenneté française

Art. 21-28 – Le représentant de l'État dans le département ou, à Paris, le préfet de police organise, dans un délai de six mois à compter de l'acquisition de la nationalité française, une cérémonie d'accueil dans la citoyenneté française à l'intention des personnes résidant dans le département visées aux articles 21-2, 21-11, 21-12, 21-14, 21-14-1, 21-15, 24-1, 24-2 et 32-4 du présent code ainsi qu'à l'article 2 de la loi n° 64-1328 du 26 décembre 1964 autorisant l'approbation de la convention du Conseil de l'Europe sur la réduction des cas de pluralité de nationalités et sur les obligations militaires en cas de pluralité de nationalités, signée à Strasbourg le 6 mai 1963.

Les députés et les sénateurs élus dans le département sont invités à la cérémonie d'accueil.

Les personnes ayant acquis de plein droit la nationalité française en application de l'article 21-7 sont invitées à cette cérémonie dans un délai de six mois à compter de la délivrance du certificat de nationalité française mentionné à l'article 31.

Au cours de la cérémonie d'accueil, la charte des droits et devoirs du citoyen français mentionnée à l'article 21-24 est remise aux personnes ayant acquis la nationalité française visées aux premier et troisième alinéas.

Art. 21-29 – Le représentant de l'État dans le département ou, à Paris, le préfet de police communique au maire, en sa qualité d'officier d'état civil, l'identité et l'adresse des personnes résidant dans la commune susceptibles de bénéficier de la cérémonie d'accueil dans la citoyenneté française.

Lorsque le maire en fait la demande, il peut l'autoriser à organiser, en sa qualité d'officier d'état civil, la cérémonie d'accueil dans la citoyenneté française.

Section II
Des effets de l'acquisition de la nationalité française

Art. 22 – La personne qui a acquis la nationalité française jouit de tous les droits et est tenue à toutes les obligations attachés à la qualité de Français à dater du jour de cette acquisition.

Art. 22-1 – L'enfant mineur dont l'un des deux parents acquiert la nationalité française, devient français de plein droit s'il a la même résidence habituelle que ce parent ou s'il réside alternativement avec ce parent dans le cas de séparation ou divorce.

Les dispositions du présent article ne sont applicables à l'enfant d'une personne qui acquiert la nationalité française par décision de l'autorité publique ou par déclaration de nationalité que si son nom est mentionné dans le décret ou dans la déclaration.

Art. 22-2 – Les dispositions de l'article précédent ne sont pas applicables à l'enfant marié.

Art. 22-3 – Toutefois, l'enfant français en vertu de l'article 22-1 et qui n'est pas né en France a la faculté de répudier cette qualité pendant les six mois précédant sa majorité et dans les douze mois la suivant.

Il exerce cette faculté par déclaration souscrite conformément aux articles 26 et suivants.

Il peut renoncer à cette faculté à partir de l'âge de seize ans dans les mêmes conditions.

Chapitre IV
De la perte, de la déchéance et de la réintégration dans la nationalité française

Section I
De la perte de la nationalité française

Art. 23 – Toute personne majeure de nationalité française, résidant habituellement à l'étranger, qui acquiert volontairement une nationalité étrangère ne perd la nationalité française que si elle le déclare expressément, dans les conditions prévues aux articles 26 et suivants du présent titre.

Art. 23-1 – La déclaration en vue de perdre la nationalité française peut être souscrite à partir du dépôt de la demande d'acquisition de la nationalité étrangère et, au plus tard, dans le délai d'un an à compter de la date de cette acquisition.

Art. 23-2 – Les Français de moins de trente-cinq ans ne peuvent souscrire la déclaration prévue aux articles 23 et 23-1 ci-dessus que s'ils sont en règle avec les obligations du livre II du Code du service national.

Art. 23-3 – Perd la nationalité française le Français qui exerce la faculté de répudier cette qualité dans les cas prévus aux articles 18-1 et 19-4 et 22-3.

Art. 23-4 – Perd la nationalité française le Français même mineur qui, ayant une nationalité étrangère, est autorisé sur sa demande, par le gouvernement français, à perdre la qualité de Français.

Cette autorisation est accordée par décret.

Art. 23-5 – En cas de mariage avec un étranger, le conjoint français peut répudier la nationalité française selon les dispositions des articles 26 et suivants à la condition qu'il ait acquis la nationalité étrangère de son conjoint et que la résidence habituelle du ménage ait été fixée à l'étranger.

Toutefois, les Français âgés de moins de trente-cinq ans ne pourront exercer cette faculté de répudiation que s'ils ont satisfait aux obligations prévues au livre II du Code du service national.

Art. 23-6 – La perte de la nationalité française peut être constatée par jugement lorsque l'intéressé, français d'origine par filiation, n'en a point la possession d'état et n'a jamais eu sa résidence habituelle en France, si les ascendants, dont il tenait la nationalité française, n'ont eux-mêmes ni possession d'état de Français, ni résidence en France depuis un demi-siècle.

Le jugement détermine la date à laquelle la nationalité française a été perdue. Il peut décider que cette nationalité avait été perdue par les auteurs de l'intéressé et que ce dernier n'a jamais été français.

Art. 23-7 – Le Français qui se comporte en fait comme le national d'un pays étranger peut, s'il a la nationalité de ce pays, être déclaré, par décret après avis conforme du Conseil d'État, avoir perdu la qualité de Français.

Art. 23-8 – Perd la nationalité française le Français qui, occupant un emploi dans une armée ou un service public étranger ou dans une organisation internationale dont la France ne fait pas partie ou plus généralement leur apportant son concours, n'a pas résigné son emploi ou cessé son concours nonobstant l'injonction qui lui en aura été faite par le gouvernement.

L'intéressé sera, par décret en Conseil d'État, déclaré avoir perdu la nationalité française si, dans le délai fixé par l'injonction, délai qui ne peut être inférieur à quinze jours et supérieur à deux mois, il n'a pas mis fin à son activité.

Lorsque l'avis du Conseil d'État est défavorable, la mesure prévue à l'alinéa précédent ne peut être prise que par décret en Conseil des ministres.

Art. 23-9 – La perte de la nationalité française prend effet :

1° dans le cas prévu à l'article 23, à la date de l'acquisition de la nationalité étrangère ;

2° dans le cas prévu aux articles 23-3 et 23-5, à la date de la déclaration ;

3° dans le cas prévu aux articles 23-4, 23-7 et 23-8, à la date du décret ;

4° dans les cas prévus à l'article 23-6, au jour fixé par le jugement.

Section II
De la réintégration dans la nationalité française

Art. 24 – La réintégration dans la nationalité française des personnes qui établissent avoir possédé la qualité de Français résulte d'un décret ou d'une déclaration suivant les distinctions fixées aux articles ci-après.

Art. 24-1 – La réintégration par décret peut être obtenue à tout âge et sans condition de stage. Elle est soumise, pour le surplus, aux conditions et aux règles de la naturalisation.

Art. 24-2 – Les personnes qui ont perdu la nationalité française à raison du mariage avec un étranger ou de l'acquisition par mesure individuelle d'une nationalité étrangère peuvent, sous réserve des dispositions de l'article 21-27, être réintégrées par déclaration souscrite, en France ou à l'étranger, conformément aux articles 26 et suivants.

Elles doivent avoir conservé ou acquis avec la France des liens manifestes, notamment d'ordre culturel, professionnel, économique ou familial.

Art. 24-3 – La réintégration par décret ou par déclaration produit effet à l'égard des enfants âgés de moins de dix-huit ans dans les conditions des articles 22-1 et 22-2 du présent titre.

Section III
De la déchéance de la nationalité française

Art. 25 – L'individu qui a acquis la qualité de Français peut, par décret pris après avis conforme du Conseil d'État, être déchu de la nationalité française, sauf si la déchéance a pour résultat de le rendre apatride :

1° s'il est condamné pour un acte qualifié de crime ou délit constituant une atteinte aux intérêts fondamentaux de la nation ou pour un crime ou un délit constituant un acte de terrorisme ;

2° s'il est condamné pour un acte qualifié de crime ou délit prévu et réprimé par le chapitre II du titre III du livre IV du code pénal ;

3° s'il est condamné pour s'être soustrait aux obligations résultant pour lui du Code du service national ;

4° s'il s'est livré au profit d'un État étranger à des actes incompatibles avec la qualité de Français et préjudiciables aux intérêts de la France.

Art. 25-1 – La déchéance n'est encourue que si les faits reprochés à l'intéressé et visés à l'article 25 se sont produits antérieurement à l'acquisition de la nationalité française ou dans le délai de dix ans à compter de la date de l'acquisition de la nationalité française.

Elle ne peut être prononcée que dans le délai de dix ans à compter de la perpétration desdits faits.

Si les faits reprochés à l'intéressé sont visés au 1° de l'article 25, les délais mentionnés aux deux alinéas précédents sont portés à quinze ans.

Chapitre V
Des actes relatifs à l'acquisition ou à la perte de la nationalité française

Section I
Des déclarations de nationalité

Art. 26 – La déclaration de nationalité souscrite en raison du mariage avec un conjoint français est reçue par l'autorité administrative. Les autres déclarations de nationalité sont reçues par le greffier en chef du tribunal d'instance ou par le consul. Les formes suivant lesquelles ces déclarations sont reçues sont déterminées par décret en Conseil d'État.

Il en est délivré récépissé après remise des pièces nécessaires à la preuve de leur recevabilité.

Art. 26-1 – Toute déclaration de nationalité doit, à peine de nullité, être enregistrée soit par le greffier en chef du tribunal d'instance, pour les déclarations souscrites en France, soit par le ministre de la Justice, pour les déclarations souscrites à l'étranger, à l'exception des déclarations souscrites en raison du mariage avec un conjoint français, qui sont enregistrées par le ministre chargé des naturalisations.

Art. 26-2 – Le siège et le ressort des tribunaux d'instance compétents pour recevoir et enregistrer les déclarations de nationalité française sont fixés par décret.

Art. 26-3 – Le ministre ou le greffier en chef du tribunal d'instance refuse d'enregistrer les déclarations qui ne satisfont pas aux conditions légales.

Sa décision motivée est notifiée au déclarant, qui peut la contester devant le tribunal de grande instance durant un délai de six mois. L'action peut être exercée personnellement par le mineur dès l'âge de seize ans.

La décision de refus d'enregistrement doit intervenir six mois au plus après la date à laquelle a été délivré au déclarant le récépissé constatant la remise de toutes les pièces nécessaires à la preuve de la recevabilité de ladite déclaration.

Le délai est porté à un an pour les déclarations souscrites en vertu de l'article 21-2.

Dans le cas où une procédure d'opposition est engagée par le gouvernement en application des dispositions de l'article 21-4, ce délai est porté à deux ans.

Art. 26-4 – À défaut de refus d'enregistrement dans les délais légaux, copie de la déclaration est remise au déclarant revêtue de la mention d'enregistrement.

Dans le délai de deux ans suivant la date à laquelle il a été effectué, l'enregistrement peut être contesté par le ministère public si les conditions légales ne sont pas satisfaites.

L'enregistrement peut encore être contesté par le ministère public en cas de mensonge ou de fraude dans le délai de deux ans à compter de leur découverte. La cessation de la communauté de vie entre les époux dans les douze mois suivant l'enregistrement de la déclaration prévue à l'article 21-2 constitue une présomption de fraude.

Art. 26-5 – Sous réserve des dispositions du deuxième alinéa (1°) de l'article 23-9, les déclarations de nationalité, dès lors qu'elles ont été enregistrées, prennent effet à la date à laquelle elles ont été souscrites.

Section II
Des décisions administratives

Art. 27 – Toute décision déclarant irrecevable, ajournant ou rejetant une demande d'acquisition, de naturalisation ou de réintégration par décret ainsi qu'une autorisation de perdre la nationalité française doit être motivée.

Art. 27-1 – Les décrets portant acquisition, naturalisation ou réintégration, autorisation de perdre la nationalité française, perte ou déchéance de cette nationalité sont pris et publiés dans des formes fixées par décret. Ils n'ont point d'effet rétroactif.

Art. 27-2 – Les décrets portant acquisition, naturalisation ou réintégration peuvent être rapportés sur avis conforme du Conseil d'État dans le délai de deux ans à compter de leur publication au *Journal officiel* si le requérant ne satisfait pas aux obligations légales ; si la décision a été obtenue par mensonge ou fraude, ces décrets peuvent être rapportés dans le délai de deux ans à partir de la découverte de la fraude.

Art. 27-3 – Les décrets qui portent perte pour l'une des causes prévues aux articles 23-7 et 23-8 ou déchéance de la nationalité française sont pris, l'intéressé entendu ou appelé à produire ses observations.

Section III
Des mentions sur les registres de l'état civil

Art. 28 – Mention sera portée, en marge de l'acte de naissance, des actes administratifs et des déclarations ayant pour effet l'acquisition, la perte de la nationalité française et la réintégration dans cette nationalité.

Il sera fait de même mention de toute première délivrance de certificat de nationalité française et des décisions juridictionnelles ayant trait à cette nationalité.

Art. 28-1 – Les mentions relatives à la nationalité prévues à l'article précédent sont portées d'office sur les copies des actes de naissance ou des actes dressés pour en tenir lieu.

Ces mentions sont également portées sur les extraits sans indication de filiation des actes de naissance ou sur le livret de famille à la demande des intéressés. Toutefois, la mention de la perte, de la déclination, de la déchéance, de l'opposition à l'acquisition de la nationalité française, du retrait du décret d'acquisition de naturalisation ou de réintégration ou de la décision judiciaire ayant constaté l'extranéité est portée d'office sur tous les extraits des actes de naissance et sur le livret de famille lorsqu'une personne ayant antérieurement acquis cette nationalité, ou s'étant vu reconnaître judiciairement celle-ci, ou délivrer un certificat de nationalité française a demandé qu'il en soit fait mention sur lesdits documents.

Chapitre VI
Du contentieux de la nationalité

Section I
De la compétence des tribunaux judiciaires et de la procédure devant ces tribunaux

Art. 29 – La juridiction civile de droit commun est seule compétente pour connaître des contestations sur la nationalité française ou étrangère des personnes physiques.

Les questions de nationalité sont préjudicielles devant toute autre juridiction de l'ordre administratif ou judiciaire, à l'exception des juridictions répressives comportant un jury criminel.

Art. 29-1 – Le siège et le ressort des tribunaux de grande instance compétents pour connaître des contestations sur la nationalité française ou étrangère des personnes physiques sont fixés par décret.

Art. 29-2 – La procédure suivie en matière de nationalité, et notamment la communication au ministère de la Justice des assignations, conclusions et voies de recours, est déterminée par le code de procédure civile.

Art. 29-3 – Toute personne a le droit d'agir pour faire décider qu'elle a ou qu'elle n'a point la qualité de Français.

Le procureur de la République a le même droit à l'égard de toute personne. Il est défendeur nécessaire à toute action déclaratoire de nationalité. Il doit être mis en cause toutes les fois qu'une question de nationalité est posée à titre incident devant un tribunal habile à en connaître.

Art. 29-4 – Le procureur est tenu d'agir s'il en est requis par une administration publique ou par une tierce personne ayant soulevé l'exception de nationalité devant une juridiction qui a sursis à statuer en application de l'article 29. Le tiers requérant devra être mis en cause.

Art. 29-5 – Les jugements et arrêts rendus en matière de nationalité française par le juge de droit commun ont effet même à l'égard de ceux qui n'y ont été ni parties, ni représentés.

Tout intéressé est recevable cependant à les attaquer par la tierce opposition à la condition de mettre en cause le procureur de la République.

Section II
De la preuve de la nationalité devant les tribunaux judiciaires

Art. 30 – La charge de la preuve, en matière de nationalité française, incombe à celui dont la nationalité est en cause.

Toutefois, cette charge incombe à celui qui conteste la qualité de Français à un individu titulaire d'un certificat de nationalité française délivré conformément aux articles 31 et suivants.

Art. 30-1 – Lorsque la nationalité française est attribuée ou acquise autrement que par déclaration, décret d'acquisition ou de naturalisation, réintégration ou annexion de territoires, la preuve ne peut être faite qu'en établissant l'existence de toutes les conditions requises par la loi.

Art. 30-2 – Néanmoins, lorsque la nationalité française ne peut avoir sa source que dans la filiation, elle est tenue pour établie, sauf la preuve contraire, si l'intéressé et celui de ses père et mère qui a été susceptible de la lui transmettre ont joui d'une façon constante de la possession d'état de Français.

La nationalité française des personnes nées à Mayotte, majeures au 1er janvier 1994, sera subsidiairement tenue pour établie si ces personnes ont joui de façon constante de la possession d'état de Français.

Pendant une période de trois ans à compter de la publication de la loi n° 2006-911 du 24 juillet 2006 relative à l'immigration et à l'intégration, pour l'application du deuxième alinéa du présent article, les personnes majeures au 1er janvier 1994 qui établissent qu'elles sont nées à Mayotte sont réputées avoir joui de façon constante de la possession d'état de Français si elles prouvent, en outre, qu'elles ont été inscrites sur une liste électorale à Mayotte au moins dix ans avant la publication de la loi n° 2006-911 du 24 juillet 2006 précitée et qu'elles font la preuve d'une résidence habituelle à Mayotte.

Art. 30-3 – Lorsqu'un individu réside ou a résidé habituellement à l'étranger, où les ascendants dont il tient par filiation la nationalité sont demeurés fixés pendant plus d'un demi-siècle, cet individu ne sera pas admis à faire la preuve qu'il a, par filiation, la nationalité française si lui-même et celui de ses père et mère qui a été susceptible de la lui transmettre n'ont pas eu la possession d'état de Français.

Le tribunal devra, dans ce cas, constater la perte de la nationalité française dans les termes de l'article 23-6.

Art. 30-4 – En dehors des cas de perte ou de déchéance de la nationalité française, la preuve de l'extranéité d'un individu peut seulement être établie en démontrant que l'intéressé ne remplit aucune des conditions exigées par la loi pour avoir la qualité de Français.

Section III
Des certificats de nationalité française

Art. 31 – Le greffier en chef du tribunal d'instance a seul qualité pour délivrer un certificat de nationalité française à toute personne justifiant qu'elle a cette nationalité.

Art. 31-1 – Le siège et le ressort des tribunaux d'instance compétents pour délivrer les certificats de nationalité sont fixés par décret.

Art. 31-2 – Le certificat de nationalité indique, en se référant aux chapitres II, III, IV et VII du présent titre, la disposition légale en vertu de laquelle l'intéressé a la qualité de Français, ainsi que les documents qui ont permis de l'établir. Il fait foi jusqu'à preuve du contraire.

Pour l'établissement du certificat de nationalité, le greffier en chef du tribunal d'instance pourra présumer, à défaut d'autres éléments, que les actes d'état civil dressés à l'étranger et qui sont produits devant lui emportent les effets que la loi française y aurait attachés.

Art. 31-3 – Lorsque le greffier en chef du tribunal d'instance refuse de délivrer un certificat de nationalité, l'intéressé peut saisir le ministre de la Justice, qui décide s'il y a lieu de procéder à cette délivrance.

Chapitre VII
Des effets sur la nationalité française des transferts de souveraineté relatifs à certains territoires

Art. 32 – Les Français originaires du territoire de la République française, tel qu'il était constitué à la date du 28 juillet 1960, et qui étaient domiciliés au jour de son accession à l'indépendance sur le territoire d'un État qui avait eu antérieurement le statut de territoire d'outre-mer de la République française, ont conservé la nationalité française.

Il en est de même des conjoints, des veufs ou veuves et des descendants desdites personnes.

Art. 32-1 – Les Français de statut civil de droit commun domiciliés en Algérie à la date de l'annonce officielle des résultats du scrutin d'autodétermination conservent la nationalité française quelle que soit leur situation au regard de la nationalité algérienne.

Art. 32-2 – La nationalité française des personnes de statut civil de droit commun, nées en Algérie avant le 3 juillet 1962, sera tenue pour établie, dans les conditions de l'article 30-2, si ces personnes ont joui de façon constante de la possession d'état de Français.

Art. 32-3 – Tout Français domicilié à la date de son indépendance sur le territoire d'un État qui avait eu antérieurement le statut de département ou de territoire d'outre-mer de la République conserve de plein droit sa nationalité dès lors qu'aucune autre nationalité ne lui a été conférée par la loi de cet État.

Conservent également de plein droit la nationalité française les enfants des personnes bénéficiaires des dispositions de l'alinéa précédent, mineurs de dix-huit ans à la date de l'accession à l'indépendance du territoire où leurs parents étaient domiciliés.

Art. 32-4 – Les anciens membres du Parlement de la République, de l'Assemblée de l'Union française et du Conseil économique qui ont perdu la nationalité française et acquis une nationalité étrangère par l'effet d'une disposition générale peuvent être réintégrés dans la nationalité française par simple déclaration lorsqu'ils ont établi leur domicile en France.

La même faculté est ouverte à leur conjoint, veuf ou veuve et à leurs enfants.

Art. 32-5 – La déclaration de réintégration prévue à l'article précédent peut être souscrite par les intéressés, conformément aux dispositions des articles 26 et suivants, dès qu'ils ont atteint l'âge de dix-huit ans ; elle ne peut l'être par représentation. Elle produit effet à l'égard des enfants mineurs dans les conditions des articles 22-1 et 22-2.

Chapitre VIII
Dispositions particulières aux collectivités d'outre-mer régies par l'article 74 de la Constitution et à la Nouvelle-Calédonie

Art. 33 – Pour l'application du présent titre :

1° Les mots : « tribunal de grande instance » sont remplacés par les mots : « tribunal de première instance » ;

2° Aux articles 21-28 et 21-29, les mots : « dans le département » sont remplacés par les mots : « dans la collectivité » ou « en Nouvelle-Calédonie ».

Les sanctions pécuniaires encourues en vertu de l'article 68 dans les îles Wallis et Futuna, en Polynésie française et en Nouvelle-Calédonie sont prononcées en monnaie locale, compte tenu de la contre-valeur dans cette monnaie de l'euro.

Art. 33-1 – Par dérogation à l'article 26, la déclaration qui doit être reçue par le greffier en chef du tribunal d'instance est reçue par le président du tribunal de première instance ou par le juge chargé de la section détachée.

Art. 33-2 – Par dérogation à l'article 31 du présent titre, le président du tribunal de première instance ou le juge chargé de la section détachée a seul qualité pour délivrer un certificat de nationalité française à toute personne justifiant qu'elle a cette nationalité.

Annexe 2

DÉCRET n° 93-1362 du 30 décembre 1993 relatif aux déclarations de nationalité, aux décisions de naturalisation, de réintégration, de perte, de déchéance et de retrait de la nationalité française

[Titre Ier De la manifestation de volonté d'acquérir la nationalité française (abrogé)]

Titre II Des déclarations de nationalité tendant à l'acquisition de la nationalité française ou à la réintégration dans cette nationalité

Section 1 *Dispositions communes relatives aux déclarations de nationalité*

Art. 10 – Le greffier en chef du tribunal d'instance de la résidence du déclarant, désigné par le décret prévu à l'article 26-2 du Code civil, est compétent pour recevoir une déclaration de nationalité, à l'exception de celle souscrite au titre de l'article 21-2 du Code civil qui est reçue par le préfet du département de résidence du déclarant ou, à Paris, par le préfet de police.

À l'étranger, la déclaration est reçue par les autorités consulaires françaises désignées selon la résidence de l'intéressé par arrêté du ministre des Affaires étrangères.

La liste des pièces nécessaires à la preuve de la recevabilité de la déclaration est transmise au déclarant par l'autorité qui est chargée de recevoir la déclaration.

Art. 11 – La déclaration de nationalité est établie pour chaque déclarant en deux exemplaires datés et signés du déclarant et de l'autorité qui la reçoit et qui précise son nom et sa qualité.

Elle mentionne en outre :

1° L'état civil et la résidence du déclarant et, le cas échéant, ceux du bénéficiaire de la déclaration s'il est représenté ;

2° L'objet de la déclaration et le motif sur lequel s'appuie le déclarant ;

3° Le cas échéant, l'état civil des enfants mineurs étrangers du déclarant résidant avec lui de manière habituelle ou alternativement dans le cas de séparation ou de divorce ;

4° Les pièces produites par le déclarant pour justifier que les conditions de recevabilité de la déclaration sont remplies. Tous les documents rédigés en langue étrangère doivent être accompagnés de leur traduction par un traducteur agréé ou habilité à intervenir auprès des autorités judiciaires ou administratives d'un autre État membre de l'Union européenne ou d'un État partie à l'accord sur l'Espace économique européen ou de la Suisse, produite en original.

Art. 12 – La preuve de la résidence en France lorsque celle-ci constitue une condition de la recevabilité de la déclaration est rapportée par écrit ou commencement de preuve par écrit.

Il en est de même pour la preuve de la résidence habituelle à l'étranger lorsque celle-ci constitue une condition de la répudiation ou de la perte de la nationalité française.

Art. 13 – Lorsque la déclaration est souscrite en vue d'acquérir la nationalité française ou d'être réintégré dans cette nationalité, l'autorité qui a reçu la déclaration reçoit la demande éventuelle de francisation soit du nom seul du déclarant ou du bénéficiaire de la déclaration, de son nom et de ses prénoms ou de l'un d'eux, soit des prénoms ou de l'un des prénoms des enfants mineurs bénéficiaires de l'acquisition de plein droit prévue à l'article 22-1 du Code civil.

Dans les mêmes conditions est remise, le cas échéant, la déclaration conjointe de choix de nom prévue par les articles 311-21 et 311-22 du Code civil.

Section 2
Des déclarations de nationalité à raison du mariage

Art. 14 – Pour l'application de l'article 21-2 du Code civil, tout déclarant doit justifier d'une connaissance de la langue française caractérisée par la compréhension des points essentiels du langage nécessaire à la gestion de la vie quotidienne et aux situations de la vie courante ainsi que par la capacité à émettre un discours simple et cohérent sur des sujets familiers dans ses domaines d'intérêt. Son niveau est celui défini par le niveau B1, rubriques « écouter », « prendre part à une conversation » et « s'exprimer oralement en continu » du Cadre européen commun de référence pour les langues, tel qu'adopté par le comité des ministres du Conseil de l'Europe dans sa recommandation CM/Rec (2008) 7 du 2 juillet 2008.

Un arrêté du ministre chargé des naturalisations définit les diplômes permettant de justifier d'un niveau égal ou supérieur au niveau requis.

À défaut d'un tel diplôme, le déclarant peut justifier de la possession du niveau requis par la production d'une attestation délivrée soit par un organisme reconnu par l'État comme apte à assurer une formation « français langue d'intégration », soit à l'issue d'un test linguistique certifié ou reconnu au niveau international et figurant sur une liste fixée par un arrêté du ministre chargé des naturalisations.

Art. 14-1 – Pour souscrire la déclaration prévue à l'article 21-2 du Code civil, le déclarant doit fournir les pièces suivantes :

1° Une copie intégrale de son acte de naissance ;

2° Une copie intégrale de son acte de mariage ou de sa transcription sur les registres consulaires français quand le mariage a été célébré à l'étranger ;

3° Une attestation sur l'honneur des deux époux signée devant l'autorité qui reçoit la déclaration certifiant qu'à la date de cette déclaration la communauté de vie tant affective que matérielle n'a pas cessé entre eux depuis le mariage et accompagnée de tous documents corroborant cette affirmation, dont notamment la copie intégrale de l'acte de naissance des enfants nés avant ou après le mariage et établissant la filiation à l'égard des deux conjoints ;

4° Un certificat de nationalité française, les actes de l'état civil ou tous autres documents émanant des autorités françaises de nature à établir que son conjoint avait la nationalité française au jour du mariage et l'a conservée ;

5° Un extrait de casier judiciaire ou un document équivalent délivré par une autorité judiciaire ou administrative compétente du ou des pays où il a résidé au cours des dix dernières années, ou, lorsqu'il est dans l'impossibilité de produire ces documents, du pays dont il a la nationalité ;

6° Le cas échéant, tout document justifiant de sa résidence régulière et ininterrompue en France pendant au moins trois ans à compter du mariage ou un certificat d'inscription du conjoint français au registre des Français établis hors de France pendant la durée de leur communauté de vie à l'étranger ;

7° Le cas échéant, la copie intégrale des actes de naissance de ses enfants mineurs étrangers qui résident avec lui de manière habituelle ou alternativement dans le cas de séparation ou de divorce ainsi que les pièces de nature à établir cette résidence ;

8° Le cas échéant, en cas d'unions antérieures, les copies intégrales des actes de mariage et tous documents justifiant leur dissolution ;

9° Un diplôme ou une attestation justifiant d'un niveau de langue égal ou supérieur à celui exigé en application de l'article 14 et délivré dans les conditions définies par cet article ou, à défaut, une attestation délivrée dans les mêmes conditions justifiant d'un niveau inférieur. Sont toutefois dispensées de la production de ce diplôme ou de cette attestation les personnes titulaires d'un diplôme délivré dans un pays francophone à l'issue d'études suivies en français. Bénéficient également de cette dispense les personnes souffrant d'un handicap ou d'un état de santé déficient chronique ou âgées d'au moins soixante ans.

Art. 15 – Dès la souscription de la déclaration, le préfet du département de résidence du déclarant ou, à Paris, le préfet de police procède à une enquête, pouvant donner lieu à un entretien individuel avec le déclarant, destinée à vérifier la continuité de la communauté de vie tant affective que matérielle entre les époux depuis le mariage, et à permettre d'apprécier s'il y a lieu de s'opposer à l'acquisition de la nationalité française pour indignité ou défaut d'assimilation autre que linguistique.

Lorsque le déclarant réside à l'étranger, l'enquête est diligentée par les services consulaires.

Font l'objet d'un entretien individuel destiné à vérifier qu'ils maîtrisent un niveau de langue correspondant à celui exigé en vertu de l'article 14 :

a) Les déclarants titulaires d'un diplôme délivré dans un pays francophone à l'issue d'études suivies en français ;

b) Les déclarants souffrant d'un handicap ou d'un état de santé déficient chronique ou âgés d'au moins soixante ans.

Font également l'objet d'un entretien individuel destiné à connaître leur niveau linguistique les déclarants qui produisent une attestation justifiant d'un niveau inférieur à celui défini à l'article 14. L'autorité administrative peut se fonder sur le déroulement de cet entretien pour conclure que le déclarant possède le niveau linguistique requis. Un agent est désigné par le préfet ou l'autorité consulaire pour procéder aux entretiens mentionnés aux premier, troisième et sixième alinéas.

Dans les six mois suivant la souscription de la déclaration, l'autorité qui a procédé à l'enquête en transmet directement le résultat, assorti de son avis motivé, au ministre chargé des naturalisations. Celui-ci peut faire procéder à toute enquête complémentaire qu'il estime utile quant à la situation du déclarant au regard des motifs permettant de s'opposer à ce qu'il acquière la nationalité française.

Section 3
Des déclarations de nationalité à raison de la naissance et de la résidence en France

Art. 15-1 – Pour souscrire la déclaration prévue au premier alinéa de l'article 21-11 du Code civil, le déclarant doit fournir les pièces suivantes :

1° L'extrait de son acte de naissance ;

2° Tous documents prouvant qu'il réside en France à la date de sa déclaration et qu'il a eu sa résidence habituelle en France pendant une période continue ou discontinue d'au moins cinq ans, depuis l'âge de onze ans ;

3° Le cas échéant, la copie intégrale des actes de naissance de ses enfants mineurs étrangers qui résident avec lui de manière habituelle ou alternativement dans le cas de séparation ou de divorce ainsi que les pièces de nature à établir cette résidence.

Art. 15-2 – Pour souscrire la déclaration prévue au deuxième alinéa de l'article 21-11 du Code civil, le déclarant doit fournir les pièces suivantes :

1° L'extrait de l'acte de naissance du mineur ;

2° Tous documents prouvant que le mineur réside en France à la date de la déclaration et qu'il a eu sa résidence habituelle en France pendant une période continue ou discontinue d'au moins cinq ans, depuis l'âge de huit ans ;

3° Les documents prouvant que le déclarant exerce à l'égard du mineur l'autorité parentale ;

4° Le cas échéant, la copie intégrale des actes de naissance des enfants étrangers du mineur qui résident avec lui de manière habituelle, ou alternativement dans le cas de séparation ou de divorce, ainsi que les pièces de nature à établir cette résidence. Le greffier en chef du tribunal d'instance recueille au cours d'un entretien dont il est dressé procès-verbal le consentement personnel du mineur.

Section 4
Des déclarations de nationalité des enfants adoptés par un Français ou recueillis en France

Art. 16 – Pour souscrire la déclaration prévue à l'article 21-12 du Code civil, le déclarant doit fournir les pièces suivantes :

1° L'extrait de son acte de naissance ;

2° Tous documents de nature à établir qu'il réside en France ou, à défaut, que l'adoptant de nationalité française a sa résidence habituelle à l'étranger.

3° Lorsque le déclarant a fait l'objet d'une adoption simple par un Français, le certificat de nationalité française, les actes de l'état civil ou tous documents émanant des autorités françaises de nature à établir que l'adoptant possédait la nationalité française à la date de l'adoption ainsi qu'une expédition du jugement ou de l'arrêt prononçant l'adoption. Si l'adoption a été prononcée à l'étranger, l'acte qui la constate doit faire l'objet au préalable d'une décision d'exequatur rendue en France ;

4° Lorsque le déclarant est un enfant recueilli en France et élevé par une personne de nationalité française, le certificat de nationalité française, les actes de l'état civil ou tous documents émanant des autorités françaises de nature à établir que cette personne possède la nationalité française ainsi que tout document justifiant que l'enfant a été recueilli en France et élevé par cette personne depuis au moins cinq années ;

5° Lorsque le déclarant est un enfant confié au service de l'aide sociale à l'enfance, tout document administratif, ou l'expédition des décisions de justice, indiquant qu'il a été confié à ce service depuis au moins trois années ;

6° Lorsque le déclarant est un enfant recueilli en France et élevé dans des conditions lui ayant permis de recevoir une formation française, tout document attestant qu'il a été recueilli et élevé en France et qu'il a reçu une formation française pendant cinq ans au moins ;

7° Lorsque l'enfant est âgé de moins de seize ans, les documents prouvant que son ou ses représentants exercent à son égard l'autorité parentale ;

8° Le cas échéant, la copie intégrale des actes de naissance de ses enfants mineurs étrangers qui résident avec lui de manière habituelle ou alternativement dans le cas de séparation ou de divorce ainsi que les pièces de nature à établir cette résidence.

[Section 3
Des déclarations de nationalité des enfants adoptés par un Français ou recueillis en France (abrogé)]

[Section 4
Des déclarations de nationalité à raison de la possession d'état de Français (abrogé)]

Section 5
Des déclarations de nationalité à raison de la possession d'état de Français

Art. 17 – Pour souscrire la déclaration prévue à l'article 21-13 du Code civil, le déclarant doit fournir les pièces suivantes :

1° La copie intégrale de son acte de naissance ;

2° Tous documents émanant des autorités françaises justifiant qu'il jouit de façon constante de la possession d'état de Français depuis dix ans, tels que carte nationale d'identité, passeport français, carte d'électeur, pièces militaires, immatriculation dans les consulats de France ;

3° Le cas échéant, le jugement ou la décision administrative lui opposant son extranéité ;

4° Le cas échéant, la copie intégrale des actes de naissance de ses enfants mineurs étrangers qui résident avec lui de manière habituelle ou alternativement dans le cas de séparation ou de divorce ainsi que les pièces de nature à établir cette résidence.

[Section 5
Des déclarations de nationalité souscrites par des personnes qui se sont vu opposer les dispositions des articles 23-6 ou 30-3 du Code civil (abrogé)]

Section 6
Des déclarations de nationalité souscrites par des personnes qui se sont vu opposer les dispositions des articles 23-6 ou 30-3 du Code civil

Art. 18 – Pour souscrire la déclaration prévue par l'article 21-14 du Code civil, le déclarant doit fournir les pièces suivantes :

1° La copie intégrale de son acte de naissance ;

2° Les actes de l'état civil prouvant qu'il a un ascendant français susceptible de lui avoir transmis sa nationalité par filiation ;

3° Soit tous documents publics ou privés de nature à rapporter la preuve qu'il a conservé ou acquis avec la France des liens manifestes, notamment d'ordre culturel, professionnel, économique ou familial, soit tous documents de nature à établir qu'il a effectivement accompli des services militaires dans une unité de l'armée française ou combattu dans les armées françaises ou alliées en temps de guerre ;

4° Le cas échéant, la copie intégrale des actes de naissance de ses enfants mineurs étrangers qui résident avec lui de manière habituelle ou alternativement dans le cas de séparation ou de divorce ainsi que les pièces de nature à établir cette résidence.

Le conjoint survivant visé au dernier alinéa de l'article 21-14 du Code civil doit fournir en outre :

– son acte de mariage ;

– l'acte de décès du conjoint.

[Section 6

Des déclarations de nationalité souscrites en vue de la réintégration dans la nationalité française par des personnes françaises d'origine qui ont perdu la nationalité française par mariage avec un étranger ou en raison de l'acquisition volontaire d'une nationalité étrangère (abrogé)]

Section 7

Des déclarations de nationalité souscrites en vue de la réintégration dans la nationalité française par des personnes qui ont perdu la nationalité française par mariage avec un étranger ou en raison de l'acquisition volontaire d'une nationalité étrangère

Art. 19 – Pour souscrire la déclaration prévue à l'article 24-2 du Code civil, le déclarant doit fournir les pièces suivantes :

1° La copie intégrale de son acte de naissance ;

2° Les actes de l'état civil ou tous documents émanant des autorités françaises de nature à établir qu'il possédait la nationalité française.

3° Un certificat établi par les autorités du pays dont il a acquis la nationalité précisant la date d'acquisition et les dispositions de la loi étrangère en vertu desquelles cette nationalité a été acquise ;

4° Tous documents publics ou privés de nature à rapporter la preuve qu'il a conservé ou acquis avec la France des liens manifestes, notamment d'ordre culturel, professionnel, économique ou familial ;

5° Le cas échéant, la copie intégrale des actes de naissance de ses enfants mineurs étrangers qui résident avec lui de manière habituelle ou alternativement dans le cas de séparation ou de divorce ainsi que les pièces de nature à établir cette résidence.

Section 8
Des déclarations de nationalité souscrites en vue de la réintégration dans la nationalité française par des personnes qui ont exercé certains mandats publics

Art. 20 – Pour souscrire la déclaration prévue à l'article 32-4 du Code civil, le déclarant doit fournir les pièces suivantes :

1° La copie intégrale de son acte de naissance ;

2° Le certificat de nationalité française, les actes de l'état civil ou tous les documents émanant des autorités françaises de nature à établir qu'il possédait la nationalité française ;

3° Le cas échéant, la copie intégrale des actes de naissance de ses enfants mineurs étrangers qui résident avec lui de manière habituelle ou alternativement dans le cas de séparation ou de divorce ainsi que les pièces de nature à établir cette résidence.

Et tous documents de nature à établir :

4° Qu'il a acquis, par l'effet d'une disposition générale, une nationalité étrangère ;

5° Qu'il a établi son domicile en France ;

6° Qu'il a été membre du Parlement de la République française, de l'assemblée de l'Union française ou du Conseil économique.

Le conjoint, veuf ou veuve, et les enfants majeurs doivent, pour souscrire la déclaration, produire les documents visés aux 1°, 2°, 3°, 4° et 5° et justifier du mandat public qui a été détenu par leur conjoint ou ascendant.

[Section 7
Des déclarations de nationalité souscrites en vue de la réintégration dans la nationalité française par des personnes qui ont exercé certains mandats publics (abrogé)]

[Section 8
Des déclarations de nationalité souscrites en vue de la réintégration dans la nationalité française par des personnes qui l'ont perdue pendant leur minorité en application du paragraphe 3 de l'article 1er de la convention du Conseil de l'Europe du 6 mai 1963 (abrogé)]

Section 9
Des déclarations de nationalité souscrites en vue de la réintégration dans la nationalité française par des personnes qui l'ont perdue pendant leur minorité en application du paragraphe 3 de l'article 1er de la convention du Conseil de l'Europe du 6 mai 1963

Art. 21 – Pour souscrire la déclaration prévue à l'article 2 de la loi du 26 décembre 1964 susvisée, l'intéressé doit fournir les pièces suivantes :

1° La copie intégrale de son acte de naissance ;

2° Tous documents de nature à établir qu'il a fixé sa résidence en France ;

3° Les actes de l'état civil ou tous documents émanant des autorités françaises de nature à établir qu'il possédait la nationalité française avant de la perdre pendant sa minorité au titre de la convention précitée ;

4° Un certificat établi par les autorités du pays dont il a acquis la nationalité précisant la date d'acquisition et les dispositions de la loi étrangère en vertu desquelles cette nationalité a été acquise ;

5° Le cas échéant, la copie intégrale des actes de naissance de ses enfants mineurs étrangers qui résident avec lui de manière habituelle ou alternativement dans le cas de séparation ou de divorce ainsi que les pièces de nature à établir cette résidence.

[Titre III
Des déclarations tendant à la répudiation de la nationalité française, à la renonciation à la faculté de répudiation et à la perte de la nationalité française en cas d'acquisition volontaire d'une nationalité étrangère (abrogé)]

Titre III
Des déclarations tendant à répudier ou à renoncer à répudier la nationalité française, à décliner cette nationalité ou à la perdre en cas d'acquisition volontaire d'une nationalité étrangère

Art. 22 – Pour exercer la faculté de répudiation de la qualité de Français qui lui est ouverte à l'article 18-1 du Code civil, l'enfant français, qui n'est pas né en France et dont un seul des parents est français, doit souscrire, dans les six mois précédant sa majorité ou dans les douze mois la suivant, la déclaration prévue à l'article 20-2 du Code civil accompagnée des pièces suivantes :

1° Un extrait de son acte de naissance ;

2° Un certificat délivré par les autorités du pays dont il se réclame, établissant qu'il a, par filiation, la nationalité de ce pays ;

3° Tous documents émanant des bureaux du service national établissant qu'il n'a pas contracté d'engagement dans les armées françaises ;

4° Le certificat de nationalité française, les actes de l'état civil ou tous documents émanant des autorités françaises de nature à établir qu'il est français en vertu de l'article 18 du Code civil et qu'il remplit les conditions posées par l'article 18-1 du même code ;

5° Toutes pièces permettant d'apprécier que le parent étranger ou apatride n'a pas acquis la nationalité française.

Art. 23 – Pour exercer la faculté de répudiation de la qualité de Français qui lui est ouverte par l'article 19-4 du Code civil, l'enfant français, né en France, lorsqu'un seul de ses parents y est lui-même né, doit souscrire, dans les six mois précédant sa majorité ou dans les douze mois la suivant, la déclaration prévue à l'article 20-2 du Code civil accompagnée des pièces suivantes :

1° Un extrait de son acte de naissance ;

2° Un certificat délivré par les autorités du pays dont il se réclame, établissant qu'il a, par filiation, la nationalité de ce pays ;

3° Tous documents émanant des bureaux du service national établissant qu'il n'a pas contracté d'engagement dans les armées françaises ;

4° Le certificat de nationalité française, les actes de l'état civil ou tous documents émanant des autorités françaises de nature à établir qu'il est français en vertu de l'article 19-3 du Code civil et qu'il remplit la condition posée par l'article 19-4 du même code ;

5° Toute pièce permettant d'apprécier que le parent étranger ou apatride n'a pas acquis la nationalité française.

Art. 24 – Pour souscrire la déclaration de renonciation prévue au dernier alinéa de l'article 20-2 du Code civil, le déclarant doit produire les documents visés aux 1° et 4° de l'article précédent.

Art. 24-1 – Pour exercer la faculté de décliner la qualité de Français qui lui est ouverte par l'article 21-8 du Code civil, l'enfant susceptible d'acquérir la nationalité française ou qui a acquis la nationalité française à l'âge de dix-huit ans à raison de sa naissance et de sa résidence en France doit souscrire, dans les six mois précédant sa majorité ou dans les douze mois qui la suivent, une déclaration accompagnée des pièces suivantes :

1° L'extrait de son acte de naissance ;

2° Un certificat délivré par les autorités du pays dont il se réclame établissant qu'il a la nationalité de ce pays ;

3° Tous documents émanant des bureaux du service national établissant qu'il n'a pas contracté d'engagement dans les armées françaises.

Art. 25 – Pour exercer la faculté de répudiation de la qualité de Français qui lui est ouverte par l'article 22-3 du Code civil, l'enfant qui a acquis de plein droit la nationalité française du fait de l'acquisition de cette nationalité par l'un de ses parents doit souscrire, dans les six mois précédant sa majorité ou dans les douze mois qui la suivent, une déclaration accompagnée des pièces suivantes :

1° L'extrait de son acte de naissance ;

2° Un certificat délivré par les autorités du pays dont il se réclame établissant qu'il a la nationalité de ce pays ;

3° Une ampliation du décret de naturalisation ou de réintégration dans la nationalité française ou une copie de la manifestation de volonté d'acquérir la nationalité française ou de la déclaration d'acquisition de la nationalité française ou de réintégration dans cette nationalité, souscrite par un de ses parents et enregistrée par l'autorité compétente, ou le certificat de nationalité française, les actes de l'état civil ou tous documents émanant des autorités françaises de nature à établir que l'un de ses parents a acquis la nationalité française.

Art. 26 – Pour souscrire la déclaration de renonciation prévue au dernier alinéa de l'article 22-3 du Code civil le déclarant doit produire les documents visés aux 1° et 3° de l'article précédent.

Art. 27 – Pour exercer la faculté de répudiation de la nationalité française qui lui est ouverte par l'article 23-5 du Code civil, le Français qui se marie avec un étranger et qui a acquis la nationalité étrangère de son conjoint doit souscrire la déclaration prévue à l'article 26 du Code civil accompagnée des pièces suivantes :

1° Un extrait de son acte de naissance ;

2° Un certificat de nationalité française, les actes de l'état civil ou tous documents émanant des autorités françaises de nature à établir qu'il est français ;

3° Un certificat délivré par les autorités du pays dont son conjoint est le ressortissant, établissant qu'il a acquis la nationalité de ce pays, précisant la date d'acquisition et les dispositions de la loi étrangère applicables ;

4° Les documents justifiant que la résidence habituelle des époux est fixée à l'étranger ;

5° Lorsque le déclarant est un Français de moins de trente-cinq ans soumis aux obligations du livre II du Code du service national, un document émanant des bureaux du service national justifiant qu'il a satisfait à ces obligations ou qu'il en a été dispensé ou exempté.

Art. 28 – Pour exercer la faculté qui lui est ouverte par l'article 23 du Code civil de perdre la nationalité française, le Français majeur qui acquiert volontairement une nationalité étrangère doit souscrire une déclaration accompagnée des pièces suivantes :

1° Un extrait de son acte de naissance ;

2° Un certificat de nationalité française, les actes de l'état civil ou tous documents émanant des autorités françaises de nature à établir qu'il est français ;

3° Un certificat délivré par les autorités du pays dont il a acquis la nationalité précisant la date d'acquisition et les dispositions de la loi étrangère applicables ou tous documents émanant des autorités étrangères compétentes attestant du dépôt de sa demande d'acquisition de la nationalité de ce pays ;

4° Les documents justifiant qu'il réside habituellement à l'étranger ;

5° Lorsque le déclarant est un Français de moins de trente-cinq ans soumis aux obligations du livre II du Code du service national, un document émanant des bureaux du service national justifiant qu'il a satisfait à ces obligations ou qu'il en a été dispensé ou exempté.

Titre IV
De l'enregistrement et de la preuve des déclarations de nationalité

Art. 29 – L'autorité qui a reçu la déclaration est tenue de remettre un récépissé daté au déclarant dès qu'elle a reçu la totalité des pièces nécessaires à la preuve de la recevabilité de la déclaration.

Mention de la délivrance de ce récépissé est portée sur chaque exemplaire de la déclaration.

Lorsque la déclaration est souscrite en vue de l'acquisition de la nationalité française par un étranger ou apatride qui contracte mariage avec un conjoint de nationalité française, dès remise du récépissé mentionné au premier alinéa, le dossier contenant les deux exemplaires de celle-ci et la totalité des pièces produites par le déclarant est adressé par l'autorité qui a reçu la déclaration au ministre chargé des naturalisations pour qu'il procède, le cas échéant, à son enregistrement.

Art. 30 – Lorsque la déclaration est souscrite à l'étranger, l'autorité consulaire française ou le ministre de la Justice remet le récépissé prévu à l'article précédent. Le dossier contenant les deux exemplaires de la déclaration et les pièces justificatives produites par le déclarant est adressé pour enregistrement au ministre de la Justice, sauf dans le cas prévu au dernier alinéa de l'article précédent où le dossier est transmis au ministre chargé des naturalisations.

Art. 31 – L'autorité compétente pour enregistrer la déclaration examine si les conditions sont remplies. Dans la négative, elle refuse l'enregistrement de la déclaration par une décision motivée qui est notifiée au déclarant en la forme administrative ou par lettre recommandée avec demande d'avis de réception avant l'expiration du délai fixé par l'un des deux derniers alinéas de l'article 26-3 du Code civil.

Art. 32 – Lorsque le gouvernement veut s'opposer par décret en Conseil d'État, pour indignité ou défaut d'assimilation autre que linguistique, à l'acquisition de la nationalité française par le conjoint étranger d'un conjoint de nationalité française, le ministre chargé des naturalisations notifie les motifs de fait et de droit qui justifient l'intention de faire opposition à l'intéressé qui dispose d'un délai qui ne peut être inférieur à un mois pour produire un mémoire en défense.

La notification est faite par lettre recommandée avec demande d'avis de réception. Elle peut également l'être en la forme administrative par l'autorité qui a reçu la déclaration.

Le décret d'opposition prend effet à la date de sa signature.

Art. 33 – S'il y a eu demande de francisation de nom ou de prénom reçue dans les conditions prévues par l'article 13 du présent décret, celle-ci est transmise par l'autorité qui a enregistré la déclaration au ministre chargé des naturalisations accompagnée de la preuve de cet enregistrement.

Le ministre chargé des naturalisations notifie directement la décision au déclarant et, en cas d'acceptation de la demande, il avise le procureur de la République compétent.

Art. 34 – La preuve de la déclaration de nationalité résulte de la production d'un exemplaire enregistré de celle-ci ou de la copie intégrale de l'acte de naissance, de l'extrait de celui-ci ou du livret de famille, sur lesquels a été portée la mention prévue par l'article 28 du Code civil.

À défaut, elle peut résulter de la production d'une attestation constatant que la déclaration a été souscrite et enregistrée qui est délivrée, à la demande de l'intéressé, de son représentant légal, ou des administrations publiques françaises, par l'autorité qui a procédé à l'enregistrement ou par une autorité centrale désignée par arrêté interministériel.

Titre V
Des demandes de naturalisation et de réintégration

Art. 35 – La demande en vue d'obtenir la naturalisation ou la réintégration est déposée à la préfecture du département où le postulant a établi sa résidence effective, à Paris à la préfecture de police.

Si le postulant réside à l'étranger, il dépose la demande auprès d'une autorité consulaire française du pays de résidence.

Lorsque le postulant est sous les drapeaux, la demande est remise à l'autorité militaire, qui la dépose dans les huit jours, accompagnée de son avis, auprès de l'autorité administrative de la résidence habituelle, laquelle procède à la constitution du dossier.

Lors du dépôt de la demande, le postulant est informé que si au terme d'un délai de six mois il n'a pas fourni la totalité des pièces nécessaires à son examen sa demande sera classée sans suite.

Art. 36 – Toute demande de naturalisation ou de réintégration fait l'objet d'une enquête à laquelle procède l'autorité auprès de laquelle elle a été déposée par application des dispositions de l'article précédent.

Cette enquête, qui porte sur la conduite et le loyalisme du postulant, est effectuée par les services de police ou de gendarmerie territorialement compétents. Elle peut être complétée par une consultation des organismes consulaires et sociaux.

L'autorité mentionnée au premier alinéa désigne les médecins des hôpitaux et dispensaires publics chargés, le cas échéant, d'examiner l'état de santé des postulants et de fournir le certificat qu'elle peut juger nécessaire pour l'instruction de la demande.

Art. 37 – Pour l'application de l'article 21-24 du Code civil :

1° Tout demandeur doit justifier d'une connaissance de la langue française caractérisée par la compréhension des points essentiels du langage nécessaire à la gestion de la vie quotidienne et aux situations de la vie courante ainsi que par la capacité à émettre un discours simple et cohérent sur des sujets familiers dans ses domaines d'intérêt. Son niveau est celui défini par le niveau B1, rubriques « écouter », « prendre part à une conversation» et «s'exprimer oralement en continu» du Cadre européen commun de référence pour les langues, tel qu'adopté par le comité des ministres du Conseil de l'Europe dans sa recommandation CM/Rec (2008) du 2 juillet 2008.

Un arrêté du ministre chargé des naturalisations définit les diplômes permettant de justifier d'un niveau égal ou supérieur au niveau requis. À défaut d'un tel diplôme, le déclarant peut justifier de la possession du niveau requis par la production d'une attestation délivrée soit par un organisme reconnu par l'État comme apte à assurer une formation «français langue d'intégration», soit à l'issue d'un test linguistique certifié ou reconnu au niveau international et figurant sur une liste fixée par un arrêté du ministre chargé des naturalisations;

2° Le demandeur doit justifier d'un niveau de connaissance de l'histoire, de la culture et de la société françaises correspondant aux éléments fondamentaux relatifs:

a) Aux grands repères de l'histoire de France: il est attendu que le postulant ait une connaissance élémentaire de la construction historique de la France qui lui permette de connaître et de situer les principaux événements ou personnages auxquels il est fait référence dans la vie sociale;

b) Aux principes, symboles et institutions de la République: il est attendu du postulant qu'il connaisse les règles de vie en société, notamment en ce qui concerne le respect des lois, des libertés fondamentales, de l'égalité, notamment entre les hommes et les femmes, de la laïcité, ainsi que les principaux éléments de l'organisation politique et administrative de la France au niveau national et territorial;

c) À l'exercice de la citoyenneté française: il est attendu du postulant qu'il connaisse les principaux droits et devoirs qui lui incomberaient en cas d'acquisition de la nationalité, tels qu'ils sont mentionnés dans la charte des droits et devoirs du citoyen français;

d) À la place de la France dans l'Europe et dans le monde: il est attendu du postulant une connaissance élémentaire des caractéristiques de la France, la situant dans un environnement mondial, et des principes fondamentaux de l'Union européenne.

Les domaines et le niveau des connaissances attendues sont illustrés dans un livret du citoyen dont le contenu est approuvé par arrêté du ministre chargé des naturalisations. Il est élaboré par référence aux compétences correspondantes du socle commun de connaissances, de compétences et de culture mentionné au premier alinéa de l'article L. 121-1-1 du code de l'éducation. Le livret du citoyen est remis à toute personne ayant déposé une demande et disponible en ligne.

Art. 37-1 – La demande est accompagnée des pièces suivantes :

1° Une copie intégrale de l'acte de naissance ;

2° La justification par tous moyens de la résidence habituelle en France du demandeur pendant les cinq années qui précèdent le dépôt de la demande, sous réserve des réductions ou dispenses de stage prévues aux articles 21-18 à 21-20 du Code civil et, lorsque la demande est présentée au nom d'un mineur, la justification de la résidence habituelle de ce dernier pendant les cinq années qui précèdent le dépôt de la demande avec le parent qui a acquis la nationalité française ;

3° Tous documents justifiant qu'il a sa résidence en France à la date de la demande ;

4° S'il entend bénéficier de l'assimilation de résidence prévue à l'article 21-26 du Code civil, toutes justifications permettant de constater qu'il remplit les conditions posées à cet article ;

5° Le cas échéant, la copie intégrale des actes de naissance de ses enfants mineurs étrangers qui résident avec lui de manière habituelle ou alternativement dans le cas de séparation ou de divorce ainsi que les pièces de nature à établir cette résidence ;

6° Le cas échéant, la copie intégrale du ou des actes de mariage ainsi que les pièces de nature à justifier la dissolution des unions antérieures ;

7° Un extrait de casier judiciaire ou un document équivalent délivré par une autorité judiciaire ou administrative compétente du ou des pays où il a résidé au cours des dix dernières années, ou, lorsqu'il est dans l'impossibilité de produire ces documents, du pays dont il a la nationalité ;

8° Le cas échéant, tout document justifiant de la nationalité française du ou des enfants mineurs qui résident avec lui de manière habituelle ou alternativement dans le cas de séparation ou de divorce ;

9° Un diplôme ou une attestation justifiant d'un niveau de langue égal ou supérieur à celui exigé en application de l'article 37 et délivré dans les conditions définies par cet article ou, à défaut, une attestation délivrée dans les mêmes conditions justifiant d'un niveau inférieur. Sont toutefois dispensées de la production de ce diplôme ou de cette attestation les personnes titulaires d'un diplôme délivré dans un pays francophone à l'issue d'études suivies en français. Bénéficient également de cette dispense les personnes souffrant d'un handicap ou d'un état de santé déficient chronique ou âgées d'au moins soixante ans.

Tous les documents rédigés en langue étrangère doivent être accompagnés de leur traduction par un traducteur agréé ou habilité à intervenir auprès des autorités judiciaires ou administratives d'un autre État membre de l'Union européenne ou d'un État partie à l'accord sur l'Espace économique européen ou de la Suisse, produite en original.

Dès la production des pièces prévues ci-dessus, l'autorité auprès de laquelle la demande a été déposée délivre le récépissé prévu à l'article 21-25-1 du Code civil constatant cette production.

Le demandeur doit signaler à l'autorité qui a reçu sa demande tout changement de résidence et toute modification intervenue dans sa situation familiale en transmettant auprès de cette autorité le document prévu à cet effet joint au formulaire de demande d'acquisition de la nationalité française. Il sera délivré récépissé du dépôt de ce document.

Art. 38 – Le demandeur de naturalisation, qui entend bénéficier pour la durée du stage prévue à l'article 21-17 du Code civil de la réduction prévue à l'article 21-18 de ce code ou de la dispense de stage prévue aux articles 21-19 et 21-20 de ce même code, joint à sa demande toute justification établissant qu'il remplit une des conditions énoncées par l'un de ces articles.

Le demandeur qui entend bénéficier des dispositions de l'article 21-24-1 du Code civil joint à sa demande tout justificatif établissant qu'il remplit les conditions énoncées par cet article.

Art. 39 – Lorsqu'un étranger francophone souhaite bénéficier des dispositions de l'article 21-21 du Code civil, sa demande est adressée par l'autorité qui l'a reçue au ministre des affaires étrangères qui la transmet, revêtue de son avis, au ministre chargé des naturalisations.

Art. 40 – Sans préjudice de l'application des dispositions du dernier alinéa de l'article 35, l'autorité qui a reçu la demande peut mettre en demeure le postulant de produire les pièces complémentaires ou d'accomplir les formalités administratives qui sont nécessaires à l'examen de sa demande.

Si le postulant ne défère pas à cette mise en demeure dans le délai qu'elle fixe, la demande peut être classée sans suite. Le postulant est informé par écrit de ce classement.

Art. 41 – Le postulant se présente en personne devant un agent désigné nominativement par le préfet ou l'autorité consulaire.

Lors d'un entretien individuel, l'agent vérifie que le demandeur possède les connaissances attendues de lui, selon sa condition, sur l'histoire, la culture et la société françaises, telles qu'elles sont définies au 2° de l'article 37.

À l'issue de cet entretien individuel, cet agent établit un compte rendu constatant le degré d'assimilation du postulant à la communauté française ainsi que, selon sa condition, son niveau de connaissance des droits et devoirs conférés par la nationalité française.

L'entretien individuel prévu au deuxième alinéa permet de vérifier que maîtrisent un niveau de langue correspondant au niveau exigé en vertu de l'article 37 :

a) les demandeurs titulaires d'un diplôme délivré dans un pays francophone à l'issue d'études suivies en français ;

b) les demandeurs souffrant d'un handicap ou d'un état de santé déficient chronique ou âgés d'au moins soixante ans.

Font également l'objet d'un entretien individuel destiné à connaître leur niveau linguistique les postulants qui produisent une attestation justifiant d'un niveau inférieur à celui défini à l'article 37. L'autorité administrative peut se fonder sur le déroulement de cet entretien pour conclure que le postulant possède le niveau linguistique requis.

Art. 42 – Le postulant peut demander au ministre chargé des naturalisations, par l'intermédiaire de l'autorité auprès de laquelle il a déposé sa demande de naturalisation, la francisation soit de son nom et de ses prénoms ou de l'un d'eux, soit des prénoms ou de l'un des prénoms des enfants mineurs bénéficiaires de l'acquisition de plein droit prévue à l'article 22-1 du Code civil.

Le postulant remet, le cas échéant, à l'autorité mentionnée au premier alinéa la déclaration conjointe de choix de nom prévue par les articles 311-21 et 311-22 du Code civil.

Art. 43 – Le préfet ou, à Paris, le préfet de police auprès duquel la demande a été déposée examine si les conditions requises par la loi sont remplies.

Dans la négative, il déclare la demande irrecevable.

Si, dès la procédure de constitution du dossier, une pièce fait apparaître que la demande est manifestement irrecevable, une décision constatant l'irrecevabilité de la demande peut intervenir sans qu'il soit besoin de procéder à l'entretien mentionné à l'article 41.

La décision du préfet ou, à Paris, du préfet de police est transmise sans délai au ministre chargé des naturalisations.

Si les motifs de l'irrecevabilité disparaissent, l'intéressé peut déposer une nouvelle demande.

Art. 44 – Si le préfet ou, à Paris, le préfet de police auprès duquel la demande a été déposée estime, même si la demande est recevable, qu'il n'y a pas lieu d'accorder la naturalisation ou la réintégration sollicitée, il prononce le rejet de la demande.

Il peut également en prononcer l'ajournement en imposant un délai ou des conditions. Ce délai une fois expiré ou ces conditions réalisées, il appartient au postulant, s'il le juge opportun, de formuler une nouvelle demande.

La décision du préfet ou, à Paris, du préfet de police est transmise sans délai au ministre chargé des naturalisations.

Art. 45 – Dans les deux mois suivant leur notification, les décisions prises en application des articles 43 et 44 peuvent faire l'objet d'un recours auprès du ministre chargé des naturalisations, à l'exclusion de tout autre recours administratif.

Ce recours, pour lequel le demandeur peut se faire assister ou être représenté par toute personne de son choix, doit exposer les raisons pour lesquelles le réexamen de la demande est sollicité. Il constitue un préalable obligatoire à l'exercice d'un recours contentieux, à peine d'irrecevabilité de ce dernier.

Le silence gardé par le ministre chargé des naturalisations sur ce recours pendant plus de quatre mois vaut décision de rejet du recours.

Art. 46 – Lorsqu'il estime que la demande est recevable et qu'il y a lieu d'accorder la naturalisation ou la réintégration dans la nationalité française, le préfet ou, à Paris, le préfet de police transmet au ministre chargé des naturalisations le dossier assorti de sa proposition dans les six mois suivant la délivrance du récépissé prévu à l'avant-dernier alinéa de l'article 37-1. Le dossier comprend les pièces mentionnées à l'article 37-1, le bulletin n° 2 du casier judiciaire de l'intéressé et le résultat de l'enquête mentionnée à l'article 36.

Art. 47 – Lorsque la demande a été déposée auprès d'une autorité consulaire, cette autorité transmet au ministre chargé des naturalisations, dans les six mois suivant la délivrance du récépissé prévu à l'avant-dernier alinéa de l'article 37-1, le dossier assorti de son avis motivé tant sur la recevabilité de la demande que sur la suite qu'elle lui paraît devoir comporter. Cette transmission est faite par l'intermédiaire du ministre des Affaires étrangères, qui joint son propre avis.

Le dossier contient tous les documents exigés à l'article 37-1, le bulletin n° 2 du casier judiciaire de l'intéressé et le résultat de l'enquête prévue à l'article 36.

Si au cours de la procédure de constitution du dossier une pièce fait apparaître que la demande est manifestement irrecevable, l'autorité consulaire transmet le dossier en l'état, assorti de son avis motivé, au ministre chargé des naturalisations, qui statue sur la demande.

Art. 48 – Dès réception du dossier, le ministre chargé des naturalisations procède à tout complément d'enquête qu'il juge utile, portant sur la conduite et le loyalisme de l'intéressé.

Lorsque les conditions requises par la loi sont remplies, le ministre chargé des naturalisations propose, s'il y a lieu, la naturalisation ou la réintégration dans la nationalité française. Lorsque ces conditions ne sont pas remplies, il déclare la demande irrecevable.

Si le ministre chargé des naturalisations estime qu'il n'y a pas lieu d'accorder la naturalisation ou la réintégration sollicitée, il prononce le rejet de la demande. Il peut également en prononcer l'ajournement en imposant un délai ou des conditions. Ce délai une fois expiré ou ces conditions réalisées, il appartient à l'intéressé, s'il le juge opportun, de déposer une nouvelle demande.

Art. 49 – Toute décision déclarant irrecevable, ajournant ou rejetant une demande de naturalisation ou de réintégration dans la nationalité française prise en application du présent décret est motivée conformément à l'article 27 de la loi n° 98-170 du 16 mars 1998 relative à la nationalité.

Art. 50 – Le décret portant naturalisation ou réintégration dans la nationalité française comporte les nom, prénoms, date et lieu de naissance de l'intéressé et, éventuellement, de celui ou de ceux de ses enfants susceptibles d'acquérir de plein droit la nationalité française en vertu de l'article 22-1 du Code civil.

Art. 51 – Les décrets portant naturalisation ou réintégration dans la nationalité française sont publiées au *Journal officiel de la République française*. Ils prennent effet à la date de leur signature sans toutefois qu'il soit porté atteinte à la validité des actes passés par l'intéressé ni aux droits acquis par des tiers antérieurement à la publication du décret sur le fondement de l'extranéité de l'intéressé.

Dès la publication prévue au premier alinéa, un extrait de ces décisions et une copie des actes de l'état civil auxquelles elles ont donné lieu sont adressés à leur bénéficiaire ou, pour l'enfant mineur, à son représentant légal, par le préfet du département où ils ont établi leur résidence, ou, à Paris, par le préfet de police, ou, si la résidence se trouve à l'étranger, par l'autorité consulaire.

Art. 52 – La preuve d'un décret de naturalisation ou de réintégration dans la nationalité française résulte de la production de l'ampliation de ce décret. Lorsque cette pièce ne peut être produite, il peut y être suppléé par la production de la copie intégrale de l'acte de naissance de l'intéressé, de l'extrait de cet acte ou du livret de famille délivrés par les autorités françaises, sur lesquels figure la mention du décret de naturalisation ou de réintégration dans la nationalité française en application de l'article 28 du Code civil ou, à défaut, par la production d'une attestation constatant l'existence du décret, délivrée par le ministre chargé des naturalisations à la demande de l'intéressé, de son représentant légal ou des administrations publiques françaises.

Titre VI

Des demandes tendant à obtenir l'autorisation de perdre la qualité de français par décret

Art. 53 – Toute demande en vue d'obtenir l'autorisation de perdre la qualité de Français en vertu de l'article 23-4 du Code civil est adressée au ministre chargé des naturalisations.

À l'étranger, elle est déposée auprès de l'autorité consulaire compétente en vertu de l'arrêté du ministre des Affaires étrangères mentionné au deuxième alinéa de l'article 10 du présent décret.

Lorsque le postulant réside en France, le préfet du département où il a établi sa résidence, à Paris, le préfet de police ont qualité pour recevoir sa demande.

Art. 54 – La demande, les actes de l'état civil et les documents de nature à justifier que l'intéressé possède une nationalité étrangère sont déposés auprès de l'autorité désignée à l'article précédent et adressés par elle, accompagnés d'un rapport et d'un avis motivé, au ministre chargé des naturalisations par l'intermédiaire, le cas échéant, du ministre des Affaires étrangères ou du ministre chargé des départements et territoires d'outre-mer.

Art. 55 – Le ministre chargé des naturalisations propose, s'il y a lieu, d'autoriser le demandeur à perdre la qualité de Français.

Si le ministre chargé des naturalisations estime qu'il n'y a pas lieu d'accorder l'autorisation de perdre la qualité de Français, il prononce le rejet de la demande par décision motivée, notifiée à l'intéressé, conformément à l'article 27 de la loi n° 98-170 du 16 mars 1998 relative à la nationalité.

Art. 56 – La personne qui sollicite l'autorisation de perdre la nationalité française en application des dispositions de l'article 2 de la convention du Conseil de l'Europe du 6 mai 1963 doit produire tous documents permettant de justifier d'une résidence habituelle dans un pays partie à cette convention ainsi que les documents visés à l'article 54 du présent décret.

Art. 57 – Les décrets portant autorisation de perdre la nationalité française sont publiés au *Journal officiel de la République française.* Ils prennent effet à la date de leur signature sans toutefois qu'il soit porté atteinte à la validité des actes passés par l'intéressé ni aux droits acquis par des tiers antérieurement à la publication du décret sur le fondement de la nationalité française de l'intéressé.

Art. 58 – La preuve de la perte de la nationalité française est rapportée dans les mêmes conditions que celles prévues à l'article 52.

Titre VII
De la perte, de la déchéance de la nationalité française et du retrait des décrets de naturalisation ou de réintégration de la nationalité française par décision de l'autorité publique

Art. 59 – Lorsque le Gouvernement décide de faire application de l'article 23-7 du Code civil, il notifie à l'intéressé, en la forme administrative ou par lettre recommandée avec demande d'avis de réception, les motifs de droit et de fait justifiant qu'il ait perdu la qualité de français.

À défaut de domicile connu, un avis informatif est publié au *Journal officiel de la République française.*

L'intéressé dispose d'un délai d'un mois à dater de la notification ou de la publication de l'avis au *Journal officiel* pour faire parvenir au ministre chargé des naturalisations ses observations en défense.

Après l'expiration de ce délai, le Gouvernement peut déclarer, par décret motivé pris sur avis conforme du Conseil d'État, que l'intéressé a perdu la qualité de Français.

Art. 60 – Lorsque le Gouvernement décide de faire application de l'article 23-8 du Code civil, il adresse à l'intéressé l'injonction prévue par cet article, en précisant les motifs de droit et de fait qui la justifient.

L'injonction est notifiée en la forme administrative ou par lettre recommandée avec demande d'avis de réception.

À défaut de domicile connu, un avis informatif est publié au *Journal officiel de la République française.*

À l'expiration du délai prévu par l'injonction, la perte de la nationalité française peut être déclarée, par décret motivé, dans les conditions prévues par l'article 23-8 précité.

Art. 61 – Lorsque le Gouvernement décide de faire application des articles 25 et 25-1 du Code civil, il notifie les motifs de droit et de fait justifiant la déchéance de la nationalité française, en la forme administrative ou par lettre recommandée avec demande d'avis de réception.

À défaut de domicile connu, un avis informatif est publié au *Journal officiel de la République française.*

L'intéressé dispose d'un délai d'un mois à dater de la notification ou de la publication de l'avis au *Journal officiel* pour faire parvenir au ministre chargé des naturalisations ses observations en défense.

À l'expiration de ce délai, le Gouvernement peut déclarer, par décret motivé pris sur avis conforme du Conseil d'État, que l'intéressé est déchu de la nationalité française.

Art. 62 – Lorsque le Gouvernement a l'intention de retirer, en application de l'article 27-2 du Code civil, un décret de naturalisation ou de réintégration dans la nationalité française, la procédure fixée à l'art. 59 du présent décret est applicable.

Art. 63 – Les décrets portant perte ou déchéance de la nationalité française et les décrets rapportant un décret de naturalisation ou de réintégration dans la nationalité française sont publiés au *Journal officiel de la République française.* Ils prennent effet à la date de leur signature, sans toutefois qu'il soit porté atteinte à la validité des actes passés par l'intéressé ni aux droits acquis par des tiers antérieurement à la publication du décret sur le fondement de la nationalité française de l'intéressé.

Art. 64 – La preuve de l'existence d'un décret de perte ou de déchéance de la nationalité française ou d'un décret rapportant un décret de naturalisation ou de réintégration dans la nationalité française résulte de la production soit de l'ampliation de ce décret, soit d'un exemplaire du *Journal officiel* où le décret a été publié. Lorsque ces pièces ne peuvent être produites, il peut y être suppléé par une attestation constatant l'existence du décret, délivrée par le ministre chargé des naturalisations, à la demande de l'intéressé, de son représentant légal, de ses parents ou alliés ou des administrations publiques françaises ou, à défaut, par la production de la copie intégrale de l'acte de naissance de l'intéressé, l'extrait de cet acte ou le livret de famille sur lequels figure la mention du décret de perte ou de déchéance de la nationalité française ou du décret rapportant le décret de naturalisation ou de réintégration dans la nationalité française.

Titre VIII

Dispositions diverse et transitoires

[...]

Annexe 3

Date d'accès à l'indépendance des différents pays

1. Territoires anciennement sous tutelle ou sous protectorat français

NOM	DATE D'INDÉPENDANCE OU DE CESSION
Cambodge (protectorat)	28 août 1953
Cameroun (territoire sous tutelle)	1er janvier 1960
Laos (protectorat)	14 novembre 1953
Maroc (protectorat)	1er mars 1956
Togo (territoire sous tutelle)	27 avril 1956
Tunisie (protectorat)	20 mars 1956

2. Territoires anciennement sous souveraineté française

Nom	Date d'indépendance ou de cession
Algérie	3 juillet 1962 [1]
Bénin (ex-Dahomey)	1er août 1960
Burkina-Faso (ex-Haute-Volta)	5 août 1960
Centrafrique (ex-Oubangui-Chari)	13 août 1960
Chandernagor (ex-établissement français de l'Inde)	2 février 1951 [2]
Comores (sauf Mayotte)	31 décembre 1975 [3]
Congo	15 août 1960
Côte-d'Ivoire	7 août 1960
Djibouti (ex-territoire des Afars et des Issas)	27 juin 1977
Gabon	17 août 1960
Guinée	1er octobre 1958
Karikal (ex-établissement français de l'Inde)	28 mai 1956 [4]
Madagascar	26 juin 1960
Mahé (ex-établissement français de l'Inde)	28 mai 1956 [4]
Mali (ex-Soudan)	20 juin 1960
Mauritanie	28 novembre 1960
Niger	3 août 1960
Pondichéry (ex-établissement français de l'Inde)	28 mai 1956 [4]
Sénégal	20 juin 1960
Tchad	11 août 1960
Vanuatu (ex-condominium des Nouvelles-Hébrides)	31 juillet 1980
Viêt-nam	16 août 1955 [5]
Yanaon (ex-établissement français de l'Inde)	28 mai 1956 [4]

1. Mais la date d'effet de l'indépendance sur la nationalité est le 1er janvier 1963 (voir dans le texte, p. 42).
2. L'indépendance a pris effet le 9 juin 1952.
3. La date d'effet de l'indépendance sur la nationalité est le 11 avril 1976.
4. Il s'agit de la date du traité de cession, qui n'est toutefois entré en vigueur que le 16 août 1962.
5. Le Viêt-nam du Sud (Cochinchine) était toutefois considéré comme territoire étranger depuis le 1er juin 1949.

Annexe 4

Tableau des autorités compétentes

POUR FAIRE...	DÉPÔT AUPRÈS DE...	ENREGISTREMENT OU DÉCISION PAR...
– une déclaration en vue de réclamer la nationalité française (sauf conjoint)	greffier en chef du tribunal d'instance*	greffier en chef du tribunal d'instance ou **ministre de la Justice
– une déclaration d'acquisition de la nationalité française par un conjoint	préfecture***	ministre chargé des naturalisations
– une demande de naturalisation ou de réintégration par décret	préfecture***	ministre chargé des naturalisations
– une déclaration de répudiation ou de renonciation à la faculté de répudiation	greffier en chef du tribunal d'instance ou **autorité consulaire	greffier en chef du tribunal d'instance ou **ministre de la Justice
– une déclaration de perte de la nationalité française	autorité consulaire	ministre de la Justice
– une demande de libération des liens d'allégeance	préfecture ou **autorité consulaire	ministre chargé des naturalisations

* Pôle de la nationalité française pour les personnes résidant à Paris.

** Lorsque l'intéressé réside à l'étranger.

*** La préfecture est en principe celle du domicile. Toutefois une expérimentation est en cours dans certaines régions visant à regrouper à un niveau interdépartemental la réception et l'instruction des déclarations de nationalité par mariage et des demandes de naturalisation et de réintégration: voir *Remarques* p. 62 et 89.

POUR OBTENIR	S'ADRESSER À...
– un titre d'identité républicain	préfecture
– un certificat de nationalité française	greffier en chef du tribunal d'instance*

* Pôle de la nationalité française pour les personnes nées ou résidant à Paris. Service de la nationalité française pour les Français nés et établis hors de France.

Annexe 5

Adresses utiles

• Ministère de l'Intérieur

– Direction de l'accueil, de l'accompagnement des étrangers et de la nationalité
3-5 rue Barbet de Jouy
75007 Paris
Adresse postale :
Place Beauvau
75800 Paris Cedex 8
Tél. : 01 72 71 69 50
Fax : 01 72 71 69 92

– Sous-direction de l'accès à la nationalité française
12, rue Francis Le Carval
44404 Rezé Cedex
Tél. : 02 40 84 46 00

• Ministère de la Justice

– Bureau nationalité
13, place Vendôme
75042 Paris Cedex 01
Tél. : 01 44 77 60 60

▶▶ Pour connaître l'adresse du tribunal d'instance compétent en matière de nationalité, vous pouvez vous adresser au tribunal d'instance de votre domicile.

• Pôle de la nationalité française de Paris
28, rue du Château des Rentiers
75013 Paris
Tél. : 01 44 32 92 90/01 44 32 92 92
Courriel: pole.natio.ti-paris01@justice.fr
Fax: 01 44 32 92 91

• Service de la nationalité des Français nés et établis hors de France
30, rue du Château des Rentiers
75647 Paris Cedex
Fax: 01 44 32 92 81

• Ministère des Affaires étrangères
– *Service central de l'état civil*
11, rue de la Maison-Blanche
44941 Nantes Cedex 09
Tél. : 08 26 08 06 04
Fax: 02 51 77 36 99

▶▶ Pour écrire aux consulats français à l'étranger: *Service de la valise diplomatique*
13, rue Louveau
92438 Châtillon Cedex

• Juridictions administratives
– *Tribunal administratif de Nantes*
6, allée de l'Île-Gloriette
BP 1036
44041 Nantes Cedex 1
Tél. : 02 40 99 46 00
Fax: 02 40 99 46 58

– *Cour administrative d'appel de Nantes*
2, place de l'Édit-de-Nantes
BP 18529
44185 Nantes Cedex
Tél. : 02 51 84 77 77
Fax: 02 51 84 77 00

– *Conseil d'État*
Palais-Royal
75100 Paris Cedex 01
Tél. : 01 40 20 80 00
Fax: 01 40 20 80 08

Index

On trouvera ci-dessous deux index : un index thématique, un index par pays. Chaque entrée renvoie à la page correspondante du guide.

Index thématique

A

E

N

O

P

R

Index des pays

Table des matières

Chapitre 2

L'acquisition de la nationalité française

Chapitre 3

La perte de la nationalité française

Chapitre 4

La preuve de la nationalité française

Chapitre 5

Les recours

LE GISTI

GROUPE D'INFORMATION ET DE SOUTIEN DES IMMIGRÉ·E·S

Le Groupe d'information et de soutien des immigrés (Gisti) s'est donné pour objectif de défendre les étrangers sur le terrain du droit. Il leur ouvre une permanence juridique gratuite *(sur rendez-vous uniquement)*, mène en leur faveur des actions devant les tribunaux et participe à la sensibilisation et à l'information de l'opinion publique.

Le Gisti publie de nombreux documents d'information sur le droit des étrangers: des *Guides*, des *Cahiers juridiques*, des *Notes pratiques*, et la revue *Plein Droit*.

Le Gisti organise des sessions de formation sur la réglementation afin de faire connaître les droits des étrangers *(une brochure d'information peut être envoyée sur demande)*.

Le Gisti est une association dont l'indépendance repose sur les cotisations de ses membres, sur les dons de ses sympathisants et sur la diffusion de ses productions (publications et formations).

Chacun peut assurer la survie du Gisti en s'abonnant à sa revue *Plein Droit*, en achetant ses publications ou en lui versant des dons.

Le Gisti est agréé pour recevoir des dons qui sont déductibles des impôts.

Une plaquette de présentation des activités du Gisti est disponible sur simple demande:

3, villa Marcès, 75011 Paris
Tél.: 01 43 14 84 84 – Fax: 01 43 14 60 69
site Internet: www.gisti.org

LES PUBLICATIONS DU GISTI

> La revue *Plein droit*

Plein droit est une revue d'analyse trimestrielle dans laquelle le Gisti élargit sa réflexion sur la situation et le devenir des populations immigrées, particulièrement dans la société française et en Europe, et sur les politiques migratoires. Elle se caractérise par une approche pluridisciplinaire et s'adresse à un public plus large que celui des praticiens du droit des étrangers.

Derniers numéros parus :

- « Langues étrangères », n° 98, octobre 2013
- « Les étrangers attendent la gauche », n° 97, juin 2013
- « Du service au servage », n° 96, mars 2013
- « Des familles indésirables », n° 95, décembre 2012
- « L'étranger et ses juges », n° 94, octobre 2012
- « Vieillesse immigrée, vieillesse harcelée », n° 93, juin 2012

> « Les Notes pratiques »

« Les Notes pratiques » ont pour objet de fournir aux étrangers et aux étrangères en difficulté ainsi qu'à leurs soutiens – donc souvent à des non-juristes – une présentation claire de la réglementation en vigueur et des conseils concrets (avec notamment des modèles de recours et de lettres).

Dernières parutions :

- *Sans papiers, mais pas sans droits*, 6e éd., juillet 2013
- *Autorisation de travail salarié : critères de l'administration, procédure*, mai 2013
- *Régularisations : la circulaire « Valls » du 28 novembre 2012 : analyse et mode d'emploi*, avril 2013
- *Comment obtenir des indemnités après une décision illégale de l'administration*, octobre 2012
- *Contester une obligation de quitter le territoire français, la procédure !*, juin 2012

> « Les Cahiers juridiques »

« Les Cahiers juridiques » analysent l'essentiel des textes en vigueur qui réglementent un domaine du droit des étrangers (entrée, séjour, études, mariage, travail, nationalité, etc.), en soulignant la nature des changements législatifs et en attirant l'attention sur les risques liés à certaines dispositions.

Dernières parutions :

- *Contrôle des étrangers : ce que change la loi du 31 décembre 2012*, coédition ADDE, La Cimade, Fasti, Gisti, Syndicat de la magistrature, mai 2013
- *Entrée, circulation en France et dans l'espace « Schengen »*, janvier 2013
- *Traite et exploitation : les droits des victimes étrangères*, octobre 2012
- *Régimes d'exception en outre-mer pour les personnes étrangères*, juillet 2012
- *Les conjoints et conjointes de Français*, mars 2012

> « Les Notes juridiques »

« Les Notes juridiques » présentent les textes – lois, décrets, circulaires... – qui régissent un domaine particulier du droit des étrangers et des étrangères (nationalité, entrée, séjour...).

Dernières parutions :

- *Entrée et séjour des étrangers et des étrangères en France. Les textes*, septembre 2011
- *La nationalité française. Les textes*, février 2010

> « Penser l'immigration autrement »

La politique d'immigration est submergée par une pensée policière qui nie les droits des individus, est aveugle aux attentes et aux besoins des sociétés du Sud. Si les résistances s'organisent en dépit de la criminalisation de l'aide aux migrants en situation irrégulière, elles sont souvent peu audibles. On considère le plus souvent qu'elles ne dépassent pas le stade de l'aide humanitaire ou relèvent d'utopies incapables de rendre compte des enjeux du monde contemporain. Loin de ce simplisme pessimiste, la collection « Penser l'immigration autrement » souhaite irriguer le débat public et toucher toutes les personnes attachées aux droits fondamentaux et à l'impératif de solidarité.

Déjà parus :

- *Liberté de circulation. Un droit, quelles politiques ?*, janvier 2011
- *Immigration, un régime pénal d'exception*, juin 2012
- *Figures de l'Étranger. Quelles représentations pour quelles politiques ?*, avril 2013

Pour s'abonner aux publications du GISTI

Trois formules d'abonnement

Abonnement à la revue *Plein Droit* (4 numéros/an) :

- tarif « individuel » : 35 €
- tarif « professionnel » : 55 €
  (associations, avocats, administrations)
- tarif de « soutien » : 75 € et plus

☞ *Pour les abonnements souscrits à l'étranger, ajouter 7 € aux tarifs ci-dessus.*

Abonnement « juridique », qui permet de recevoir les « Cahiers juridiques », « Notes juridiques » et « Notes pratiques » :

- tarif « individuel » : 75 €
- tarif « professionnel » : 120 €
  (associations, avocats, administrations)
- tarif de « soutien » : 145 € et plus

☞ *Pour les abonnements souscrits à l'étranger, ajouter 11 € aux tarifs ci-dessus.*

Abonnement « correspondant du Gisti », qui permet de recevoir l'ensemble des publications sauf les guides, c'est-à-dire la revue *Plein Droit,* ainsi que les documents des collections « Cahiers juridiques », « Notes juridiques » et « Notes pratiques » :

- tarif « individuel » : 105 €
- tarif « professionnel » : 170 €
  (associations, avocats, administrations)
- tarif de « soutien » : 225 € et plus

☞ *Pour les abonnements souscrits à l'étranger, ajouter 17 € aux tarifs ci-dessus.*

En plus de ces collections, le Gisti publie aux éditions La Découverte de façon non périodique des *Guides* non compris dans les abonnements décrits ci-dessus. Les abonnés à l'une des publications du Gisti bénéficient néanmoins de la possibilité de les commander en se voyant appliquer la réduction maximale légale, soit 5 % franco de port.

Bulletin d'abonnement

à retourner au Gisti
3, villa Marcès, 75011 Paris

Nom : .... Prénom : ....
Adresse : ....
....
Tél. : .... Fax : ....
Profession ou institution (facultatif) : ....

❑ Souscris un abonnement d'un an à *Plein Droit* à partir du n°.....

❑ Souscris un abonnement « juridique » d'un an.

❑ Souscris un abonnement « correspondant du Gisti » d'un an.

❑ Désire une facture.

(Cocher la ou les cases utiles.)

Je règle sa somme de .... €

par chèque bancaire à l'ordre du Gisti (à joindre au bulletin).

Attention au mode de règlement : les abonnements pour le territoire français sont à régler par chèque (à l'ordre du Gisti) ou virement au compte CCP La Source 30 182 02 V (joindre alors le justificatif du virement). Du fait de l'importance des frais de traitement d'un chèque émis d'une banque étrangère, les abonnements à l'étranger doivent être réglés uniquement par virement bancaire (joignez alors le justificatif du virement à votre commande), en utilisant l'un des identifiants internationaux de comptes suivants : FR 57 20041 01012 3018202V033 61 PSSTFRPPSCE; FR76 1027 8060 1100 0208 2724 067 CMCI

Aidez le GISTI à poursuivre son action !

Le Gisti est une petite association qui mène de grandes batailles en faveur des droits des étrangers.

Vous souhaitez évidemment qu'il puisse continuer :

- à participer aux luttes de l'immigration en y apportant sa compétence propre sur le plan juridique ;
- à mettre gratuitement des spécialistes du droit des étrangers à la disposition des immigrés en difficulté ;
- à former des militants et des professionnels ;
- à participer par sa revue *Plein Droit* au débat d'idées ;
- à éditer des guides juridiques et des brochures sur la réglementation et les pratiques en vigueur.

Alors souvenez-vous
que le Gisti n'est pas une organisation de masse
et qu'il ne peut donc vivre
des seules cotisations de ses membres :
il a besoin de votre concours

Le Gisti est habilité à recevoir des dons donnant lieu à une déduction fiscale (à hauteur de 66 % de leur montant, dans la limite de 20 % de votre revenu imposable).

Vous pouvez faire un don :

– par voie postale, en adressant un chèque au Gisti, 3, villa Marcès, 75011 Paris (en indiquant qu'il s'agit d'un don). Vous recevrez votre reçu au premier trimestre de l'année civile suivante ;

– directement sur notre site web, lequel permet le paiement par carte bleue, virement ou chèque : <http://www.gisti.org/don>. Dès encaissement de votre don, votre reçu sera généré automatiquement ;

– par prélèvement automatique. Le prélèvement automatique est un moyen de pérenniser votre soutien à notre action et nous permet de réduire nos frais de gestion. Vous pouvez obtenir le formulaire de prélèvement automatique en nous contactant ou en le téléchargeant sur le site du Gisti : <http://www.gisti.org/don#auto>.

CPI
FIRMIN-DIDOT

Composé par DV Arts Graphiques
à la Rochelle
Achevé d'imprimer par
CPI Firmin Didot à Mesnil-sur-l'Estrée
en octobre 2013
Dépôt légal : novembre 2013
N° d'impression : 119176
Imprimé en France